뛰어난 리더는 방황하지 않는다

뛰어난 리더는 방황하지 않는다

고전으로 배우는 리더십의 모든 것

2017년 11월 20일 초판 1쇄 발행

지은이 정보철

펴낸이 정해종　　　　　　　　　　　　　**펴낸곳** 박하
출판신고 2016년 5월 20일 제406-2016-000066호　　**주소** 경기도 파주시 회동길 337-16 3층
전화 031-955-9912 (9913)　　　　　　　**팩스** 031-955-9914
이메일 bakha@bakha.kr　　　　　　　　　**페이스북** bakhabooks

책임편집 정선영, 이기웅, 김새미나　　　　**마케팅** 심규완, 김명래, 권금숙, 양봉호, 임지윤, 최의범, 조히라
경영지원 김현우, 강신우　　　　　　　　　**해외기획** 우정민

© 정보철 (저작권자와 맺은 특약에 따라 검인을 생략합니다)

ISBN 979-11-87798-26-2 (03320)

뛰어난 리더는 방황하지 않는다

고전으로 배우는 리더십의 모든 것

정보철 지음

박하

"

두려움 없는 지성을 갖춘 사람이
진정한 리더가 된다

"

어떤 리더가 되어야 하는가? 뛰어난 리더가
되기 위해서는 어떻게 해야 하는가?

지난 20여 년간 많은 사람들이 필자에게 한 질문이다.
먼저 머리에 떠오른 것은 소크라테스, 제갈량 등 인류의 정
신사에 깊은 울림과 영감을 주었던 동서고금의 다양한 인
물들이었다. 문득 이들의 지적 탐구에서 그 물음의 실마리
를 찾을 수 있지 않을까 하는 생각이 들었다. 생각은 어느

덧 확신으로 굳어졌다. 고전들을 샅샅이 뒤지다 보면 뛰어
난 리더의 실체를 파악할 수 있었다.

단순히 고전 속 인물을 해석하는 데 그치지 않았다. 고전
속 인간상을 현재라는 시점에서 실생활과 접목하는 과정을
거쳤다. 그래야 생생함이 살아나고, 그 생생함이 진정성으
로 드러날 것이라 믿었다.

뛰어난 리더는 리더이기 전에 뛰어난 인간이다. 그렇다
면 우리 시대 바람직한 인간상은 무엇인가라는 질문으로
도 이어질 수 있을 것이다. 필자가 생각하는 바람직한 인
간상은《그리스인 조르바》에 나오는 조르바의 모습이다.
모든 것으로부터 자유롭고 자유로워서 두려움이 없는 인
간. 이념·권위·권력·관습·사상 등 자신을 내외적으로 옥죄는
환경으로부터 자유롭게 세상에 영향을 끼치는 것이 리더의 참
모습이다.

그렇다면 진정한 리더와 그렇지 않은 리더의 구분이 중
요하다. 지성이 하나의 중요한 기준이 될 것이다. 지성을
갖춘 리더가 진정한 리더이다. 세상을 편견 없이 바라보고,

이해관계 없이 판단하고, 필요한 것을 두려움 없이 실행하는 지성을 갖춘 자가 진정한 리더인 것이다.

우리는 지성을 갖춘 진정한 리더와 그렇지 못한 리더와 혼동하고 살았다. 극단적으로 힘이나 무력, 돈으로 세상을 지배하려 드는 군상들을 리더라고 착각하고 살아왔다. 이런 착각은 두려움을 잉태한다. 어떻게 살지, 무엇을 할지를 선택하기 전에 두려움이 앞서는 것이다. 두려움은 세상을 있는 그대로 바라보는 것을 방해하고, 이 왜곡된 시선이 판단과 실행으로 이어져 삶을 혼란스럽게 만든다. 반면 진정한 리더는 혼탁한 삶에서 길을 명확하게 찾고 전진할 수 있는 능력을 갖고 있다. 절대 방황하지 않는다.

이 책에서 필자는 뛰어난, 진정한 리더의 모습을 구체화하는 데 주력했다. 고전과 경전 그리고 역사 속에서 진정한 리더의 모습을 찾았다. 이제부터 본격적으로 살펴보자.

차례

Q　관리자의 고민
진정으로 변화,
아니 변형하고 싶습니다.

A　리더의 해답
매일매일 새롭게
태어나십시오.

　　　　아는 후배의 이야기다. 후배는 오랜 시간 잠
을 이루지 못했다. 자다가도 벌떡벌떡 자리에서 일어났다.
가슴에 맺힌 뭔가가 치밀어 올랐다. 이른바 화병이었다.

　후배가 화병에 걸린 것은 평생 추구했던 일에서 듣보잡
(?)에게 어처구니없이 당했기 때문이다. 경력으로나 능력
으로나 자신보다 한참 뒤지는 사람에게 자신의 자리를 빼

앗긴 것이다. 자기와 맞는 사람으로 줄을 세우는 사유화된 권력이 그 배경이었다. "아무것도 할 수가 없었어요. 그냥 울분만 터지고….."

후배는 여러 해를 힘들게 보냈다. 옆에서 그 모습을 지켜 보는 필자 역시 고통의 시간을 보냈다. 별거 아닌 권력, 어 차피 사라져갈 신기루 같은 권력 앞에서 젊은이의 꿈이 좌 절하는 모습을 보는 것도 힘든 일이었지만, 그보다는 후배 의 다른 모습을 보고 싶었던 필자가 침묵을 지키는 것도 고 통이었다. 어차피 말로 해결될 문제는 아니었기에.

봄 여름 가을 그리고 겨울이 여러 번 흘렀다. 흐르는 세 월은 그냥 흐르는 것이 아니었다. 막강한 힘을 갖고 있었 다. 후배가 달라지기 시작한 것이다. 후배는 틈틈이 산에 올라 기타를 쳤다. 지나가는 사람들이 쳐다보면 듣고 싶은 노래가 있는지 물어 연주하기도 했다. 후배는 캘리그라피 도 배웠다. 감각이 있었는지 얼마 지나지 않아 수준급의 실 력에 도달해 자신이 쓴 글씨를 주변에 선물하곤 했다. 우스 갯소리도 곧잘 했다. 개그맨 못지않은 촌철살인의 해학을 즐겨했다. 후배는 이렇게 말했다. "전 정말 욕심을 버렸어 요. 변했습니다."

후배의 변신은 주변의 이목을 끌기에 충분했다. 항상 권력과 금력을 논하던 그였기 때문이다. 어느새 후배 주변에는 새로운 사람들로 채워졌다. 시와 수필을 쓰는 동네 아저씨 아주머니들, 노래와 악기를 배우는 사람들 등. 이전에는 상상하기 어려운 광경이었다. 후배가 변하니 주변 사람들도 변하기 시작했다. 이것은 사실 변화라고 얘기하기에는 차원이 달랐다. 변형이었다.

변형은 우리가 온몸과 온 마음으로 열렬히 원할 때 슬며시 찾아오는 것이다. 조각난 몸과 마음에 노크하는 법은 결코 없다. 사람들은 삶의 변화에 대해 거의 주의를 기울이지 않는다. 자신의 삶에 대한 진정한 각성도 없이 그저 그렇게 살아간다. 대충 사는 것에 만족한다는 얘기다. 자신의 삶에 대충 만족한다고 믿는다. 아니 믿기를 원한다.

자신의 삶이 흔들리기를 원치 않는 사람들에게 변화를 기대하는 것은 무리다. 이런 사람들에게 더구나 존재를 완전히 뒤바꾸는 변형을 기대하기란 거의 불가능하다. 변형은 내면의 중심에서 일어나는 것이고 변화는 주변부에서 일어나는 표피적인 현상이다.

변형은 내면의 깊은 곳이 요동치며 자아라고 믿는 것이 파괴될 때 이루어진다. 자아라는 관념 자체에 대한 믿음을 저버릴 때 찾아오는 것이다. 그럴 때 새로운 눈이 떠진다.

새로운 눈은 세상을 바라보는 새로운 방식이다. 평범하고 일상적인 방식이 아니다. 새로운 눈으로 보는 세상은 과거와는 전혀 다르다. 생소한 세계다. 이는 위험으로 가득 찬 세상일 수 있다. 허나 위험하다는 것은 살아 있다는 것이다.

살아 있는 모든 것은 변한다. 살아 있는 것만이 변형될 수 있다. 자궁 속으로 들어가려는, 안전을 선택하는 사람들이 아니라 위험하지만 생소한 세계로 뛰어드는 사람들만이 변형될 수 있다. 철학자 니체가 강력하게 외친 '위험하게 살라'는 명제는 바로 변형의 다른 설명이다. 그래서 변형은 위험을 택할 줄 아는 용기 있는 자의 영역이다.

그렇다면 새로운 눈은 어떻게 갖출 수 있을까? 단절이다. 어제까지 존재했던 것들이 모조리 사라질 때 새로운 눈은 탄생한다. 모든 것이 새롭고, 모든 것이 또한 새롭다. 새로운 것은 생생함이다. 생생함은 어제의 눈으로는 볼 수 없다.

단절의 다른 말은 진정한 죽음이다. 어설픈 죽음으로는 중심이 변형되지 않고 주변만 변화한다. 주변의 변화는 오래가지 않는다. 시간이 지나면 복원된다. 그런 복원은 구태의 반복이다. 자신의 존재에 대한 무력감만 불러일으킬 뿐이다.

진정한 죽음이란 고통에 대한 깊은 이해에서 나온다. 고통을 모르면 죽음도 모른다. 깊은 이해란 있는 그대로 바라보는 것이다. 편견도 이념도 해석도 없이 있는 그대로 받아들이는 것이다. 그것은 고통을 회피하지 말라는 의미다. 합리화하지 말고 요행을 바라지 말고, 남에게 전가하지 말고, 그리고 주저하지 말고 고통 속으로 들어가는 것이다. 그것이 고통에 대한 깊은 이해이고, 전적인 받아들임이다.

이럴 때 고통은 용광로가 된다. 용광로인 고통 속에서 자아는 용해된다. 찢기고 분해되고 할 겨를도 없다. 그대로 흔적 없이 사라진다. 이런 자아의 죽음이 바로 진정한 죽음이다. 고통을 어떻게 받아들이는지에 따라 자아의 죽음과 새로운 탄생이 동시에 이루어지는 것이다.

죽어야 새롭게 탄생한다. 한 번의 죽음만으로는 부족하다. 여러 번의 죽음도 사실 충분하지 않다. 매일 죽어야 한다. 매일 죽어야 매일 변형된다. 지나간 모든 것이 죽어갈 때에만 새로운 것이 생겨나는 것이다.

다시 한 번 말하지만, 자아가 죽어야 변형이 된다. 자아가 죽지 않으면 변형될 수 없다. 변형이 없으면 새로운 창조도 없고 미지의 세계도 없다. 반복되는 과거의 시간만 있을 뿐이다. 흔히 생각하듯 반복은 안전이 아니다. 몰락일 뿐, 다른 적절한 단어가 떠오르지 않는다. 반복적인 삶, 어제와 같은 오늘, 오늘과 같은 내일을 산다는 것은 몰락이다. 이러한 깨달음은 지난날의 경험이나 기억에 함몰돼 있는 생활 속에서는 결코 발견할 수 없다.

변형 그리고 그 반대편에 자리한 반복은 어쩌면 동전의 앞뒷면을 상징할지도 모른다. 사랑과 미움이 한 울타리에서 나오듯이 변형과 반복은 태생이 같은 것일 수 있다. 허나 어느 것을 선택하느냐에 따라 새로운 도약이냐, 아니면 몰락이냐가 판가름 난다.

이는 개인 한 사람에 국한된 얘기가 아니다. 조직과 기업, 사회 등을 관통하는 이야기다. 기업 세계의 일화를 하나 들어보자. 1985년, 인텔의 공동창업자인 앤디 그로브와 고든 무어는 전 직원을 대상으로 이렇게 말했다. "메모리칩 인텔은 죽었습니다…." 메모리칩은 인텔의 성장 동력이자 주력 사업이었다. 당시 인텔의 메모리칩은 일본 업체들의 맹추격을 받고 있었다. 이후 인텔은 비메모리 반도체로 사업 방향을 과감히 틀었다.

여기서 중요한 것은 인텔이 과거의 인텔을 죽였다는 것이다. 안전한(?) 과거의 인텔을 파괴하고 위험한(?) 지금 이 순간의 인텔을 선택한 결과, 비메모리 반도체 사업에서 세계 최고의 기업으로 도약하게 되었다.

인텔의 사례에서 보듯 도약은 앞서 말한 고통을 있는 그대로 받아들이는 데서 시작된다. 고통을 있는 그대로 받아들이는 데는 용기가 필요하다. 용기는 볼 줄 아는 용기와 버릴 줄 아는 용기가 있다. 볼 줄 아는 용기는 현실을 보는 정직한 시선이다. 현실을 볼 때 일순간도 외면하지 않고, 한 치의 거짓도 용납해서는 안 된다. 현실을 채색하는 순간, 즉 나르시시즘에 빠질 때 도약은 저 멀리 도망가고 없다.

볼 줄 아는 용기가 있으면 버릴 줄 아는 용기도 있다. 버릴 줄 아는 용기는 과거의 기억, 미래에 대한 기대와 욕망을 마음에서 비우는 것이다. 기억과 기대, 욕망은 고통과 깊은 관련이 있다. 고통을 받아들이고, 그 고통을 비운 마음으로부터 지금 이 순간에 새로운 세계가 펼쳐지는 것이다.

그렇다. 도약은 용기를 필요로 한다. 용기가 없는 자는 도약할 수 없다. 도약하지 못하면 그저 그런 삶을 반복할 따름이다. 진실한 것은 끊임없이 변화하고, 진실하지 못한 것은 정체되고 반복된다.

《손자병법》에서는 이를 전승불복戰勝不復이라 표현했다. 전쟁에서 거둔 승리는 반복되는 것이 아니라는 말이다. 과거의 승리에 도취하는 순간 미래의 패배는 이미 기정사실화되는 것이다. 그래서 《손자병법》은 또 하나 말을 보탠다. 바로 응형무궁應形無窮이다. 쉼 없이 변화하는 상황에 맞추어서 대응, 변신하라는 뜻이다. 응형무궁은 바로 영원한 승자로 남기 위한 중요한 원칙이다.

앞의 후배의 얘기를 다시 해보자. 후배가 무력감에 빠지고 울분을 터트린 것은 세속적인 성공이라는 시선에서 벗어나지 못하고 욕망의 끈을 놓지 못했기 때문이다. 그러던 어느 날 후배는 과감하고 용기 있게 고통과 정면 대결했다. 용기 있게 아픔을 바라보고 미래에 대한 욕망을 버렸

18

다. 그리고 한 단계 도약한 것이다. 이제 진정한 자기 삶을 찾은 후배는 이렇게 말한다. "삶은 항상 새롭습니다."

★ 진정한 변형을 원한다면 고통을 깊이 이해하고 전적으로 받아들여라.
★ 반복되는 삶을 지양하고 도약하는 삶을 지향하라.

> **일상과 업무 속에서
> 자신을 갈고 닦아라**
>
> 가의 | 《과진론》

Q 관리자의 고민
언제나 준비된 상태이고 싶습니다.

A 리더의 해답
멀리 보는 안목을 기르고,
일상에서의 수련에 힘쓰세요.

딸아이의 입시 시절 이야기다. 필자는 딸아이에게 재수를 권유했다. 명문대학을 고집한 것은 아니다. 삶의 의미를 가르치고 싶었던 것이다. 딸아이는 고등학생 시절 공부를 소홀히 했다. 수능을 며칠 앞둔 날에도 남이섬에 놀러갈 정도로 태평스런 아이였다. 필자는 그것을 지켜만 보았다. 공부하라는 소리를 한마디도 하지 않았지만 내심 실망한 것은 사실이다.

그런 딸아이에게 처음으로 쓴소리를 했다. "성적에 맞춰 대학에 들어가는 것은 바람직하지 않아. 네가 원하는 것도 아닐 거야. 네가 원하는 것을 하도록 하자. 그러기 위해서는 충분한 준비가 필요해. 1년 동안 제대로 된 준비를 해보자."

우리는 어리석지 않기를 바란다. 갈림길에서 우왕좌왕하지 않고, 헤매지 않기를 원한다. 항상 지혜롭게 살기를 바란다. 지혜로운 삶, 그것은 딴 게 아니다. 준비에 달려 있다. 준비가 바로 지혜다.

준비된 상태, 즉 지혜를 얻는 것은 그리 어려운 게 아니다. 대단한 시간과 공부를 요구하지 않는다. 두 가지만 놓치지 않으면 된다. 그것은 멀리 보는 안목과 일상에서의 수련이다. 이를 심모원려深謀遠慮와 사상마련事上磨鍊이라 정리할 수 있다.

'심모원려'는 기원전 중국 진나라의 과오를 다룬 사상가 가의의 《과진론》에 나오는 말이다. 심모는 깊은 책략이고, 원려는 멀리 보는 안목이다. 이러한 마음을 가지고 있으면 일순간의 쾌락이나 욕망을 쫓아가지는 않을 것이다.

양명학의 창시자 왕양명은 '사상마련'을 주장했다. 일상과 업무 속에서 자신을 갈고 닦으라는 의미다. 사람들은 일상적이며 흔한 것들은 중요한 것이 아니라고 생각, 간과하고 넘어간다. 허나 반복된 업무에 매몰되다 보면 타성에 젖어 아무것도 하지 못한다. 수련은 산속 깊은 곳에서 따로 시간을 내어서 하는 것이 아니다. 일례로 지하철로 출퇴근하면서 독서로 자신을 갈고 닦는 것 등도 수련에 해당한다.

이와는 다른 각도로 준비된 상태를 만드는 핵심 요소가 있다. 사상마련이 외형적 부문이라면 이는 내면적 부문에 해당된다. 그것은 '성誠'이다. '말䜁하면 이루어진다成'는 '정성 성誠'이다. 중국의 고전《중용》에서는 성을 '살려는 의지의 발현'으로 본다. 살려는 의지는 만물이 작동하는 원리다. 성이 쉴 새 없이 움직이는 세상은 삶이 진정 살아 있는 세상이다.

성은 정성과 성실로 이해할 수 있다. 정성과 성실은 그러니까 모든 일의 근원이다. 성이 없으면 제대로 되는 일이 하나도 없다. 그런데 이 성의 작용과 반대로 하면 어떤 일이 벌어질까? 일시적으로 삶을 유지할 수 있을지는 모르나 삶을 유지하는 근원 작용과 위배되므로 결국 망하게 된다. 정성이 부족한 준비는 준비를 안 한 것과 마찬가지다.

이 성에서 절대 빠뜨려서는 안 될 것이 하나 있다. 단순히 부지런히 움직인다고 해서 성이 작용했다고 볼 수는 없다. '시時'를 주시해야 한다. '일몰법칙'이라는 것이 있다. 오늘의 일은 반드시 해가 지기 전에 완성해야 한다는 뜻이다. 하고 싶지 않더라도 해야 할 일은 반드시 마무리 져야 한다. 그렇지 않으면 중대한 기회를 잃을 수 있다. 봄에 씨를 뿌려야지 가을에 씨를 뿌리고 수확을 하려는 것은 지혜롭지 못한 어리석은 일이다. 시에 어긋나는 자는 충분히 준비했다고 할 수 없다. 비록 수많은 시간과 노력을 기울였다고 하더라도 말이다.

딸아이는 고등학교 시절에 입시를 제대로 준비하지 않았다. 대학에 갈 준비가 안 된 상태였다는 말이다. 가고 싶다는 꿈만 있었지, 꿈을 이룰 정성이 부족했다. 꿈을 이루려는 의지가 부족했던 것이다.

수많은 사람들은 성공을 꿈꾼다. 문제는 꿈이 꿈으로 끝난다는 데 있다. 꿈을 현실화시키는 에너지가 부족한 탓이다. 꿈과 현실은 동일 선상에 있지 않다. 차원이 다른 것이다. 차원의 이동을 가능케 하려면 강력한 동력이 필요하다. 어지간한 에너지로는 어림도 없다.

　그렇다면 그 에너지원은 어디에서 얻을 수 있을까? 다시 말하지만 그것은 준비에 달려 있다. 어설픈 준비는 미약한 에너지를, 치열한 준비는 강력한 에너지를 뿜어낸다. 성공을 꿈꾸는 우리에게 필요한 것은 강력한 에너지다. 치열한 준비와 강력한 에너지는 앞서거니 뒤서거니 하면서 우리를 성공으로 이끈다.

　성공에는 세 가지 요건이 필요하다고 한다. 그것은 자신감과 선택 그리고 운이다. 이 세 가지를 불러들이는 것은 준비다. 준비된 만큼 성공의 기회는 다가오는 것이다.

　성공에는, 첫 번째 자신감이 필요하다. 충분한 준비는 자신감을 불러일으킨다. 준비된 자는 대세의 흐름을 거스르는 결정을 곧잘 한다. 이는 확고한 자신감을 바탕으로 한다. 로마 시저가 루비콘 강을 건넌 사례에서 알 수 있듯이, 동서고금을 막론하고 준비된 자의 당당한 자신감이 역사를 움직였다는 것을 떠올려보자.

　두 번째 선택이다. 성공을 위한 탁월한 선택은 어떻게 가능할까? 탁월한 선택이란 주어진 여건에서 할 수 있는 최상의 선택이다. 현실 가능한 최고의 선택이다. 준비가 충분히 된 사람은 자신의 문제를 바라보는 시각이 현실적이다. 명확한 현실 인식을 바탕으로 탁월한 선택을 할 수 있다.

이에 반해 준비가 부족한 사람은 빈약한 현실 인식으로 터무니없는 기대를 해 형편없는 선택을 하고, 이는 몰락으로 이어지는 경우가 비일비재하다. 동서고금 역사에는 이를 증명하는 사례가 넘친다. 이를테면 기원전 4세기경 부유한 아테네가 마케도니아의 필립 2세에게 일거에 무너지고 만 것 역시, 아테네의 자기만족이라는 빈약한 현실 인식과 이에 따른 어리석은 선택이 자초한 일이다.

세 번째는 운이다. 운은 일정한 방향으로 움직이는 성향을 가졌다. 운을 움직이는 것은 앞서 말한 자신감과 탁월한 선택이다. 준비된 우리가 원한다면 운은 얼마든지 바꿀 수 있고 뜻하는 대로 이끌 수 있다. 한자 어원에 의하면 운運은 수레車처럼 움직이는 데서 나왔다. 수레가 나를 움직이게 할 것인지, 내가 수레를 움직일 것인지는 우리 손에 달려 있다. 준비가 운을 만드는 것이다.

준비는 성공의 필요충분조건이다. 이와 관련 루이 파스

퇴르는 멋진 말을 했다. "과학적 발견의 절반은 운에 의한
것이지만 그 운은 준비된 자에게 찾아온다."

★ 꿈을 이루기 위해선 준비가 되어 있어야 한다.
★ 준비는 자신감과 운을 불러들인다.

"

정성이
성공과 실패를 조율한다 주희 | 《중용》

"

Q 관리자의 고민
왜 실패를 한 걸까요?

A 리더의 해답
정말 정성을 쏟았는지
반문해보십시오.

삶의 평가는 의외로 간단하다. 세간의 기준은 성공과 실패이다. 굳이 다른 사람의 삶을 살펴볼 필요도 없다. 자신의 삶을 돌이켜보면 당장 알 수 있다. 내 삶 역시 성공과 실패의 굴곡이다. 아니 실패로 점철돼 있다는 표현이 맞다. 서글프다. 성공보다는 실패가 훨씬 많다는 것이 서글픈 게 아니다. 성공과 실패를 좌우하는 원리를 알면서도 지키지 못한 우둔함이 서글프다.

성공과 실패를 좌우하는 소중한 원리는 앞서도 말한 성誠이다. 그 '성'이라는 단 한 글자를 철저히 파고들지 못한 불철저가 싫은 것이다. 한동안 그 우둔함과 불철저를 외면했다. 불편했기 때문이다. 허나 목에 가시가 걸린 것처럼 그 불편함이 못내 꺼림칙했다. 언젠가는 해소해야 할 것이었다. 그러다가 최근 들어 그 우둔함과 불철저를 몰아세우는 일이 벌어졌다.

역시 딸아이와의 일 때문이다. 아이는 얼마 전 한 시험에서 탈락했는데, 이유를 모르겠다면서 이렇게 말했다. "정말 열심히 준비했어요. 그런데 떨어졌단 말이에요. 이제 어떡해요."

울음을 그치지 못하는 아이에게 딱히 해줄 말은 없었다. 어깨를 다독거려주다가 떠오르는 장면이 있었다. 활터이다. 활터에서 가장 다이내믹한 부분은 과녁 한복판인 정곡正鵠. 《중용》에는 이런 말이 있다. "활을 쏘아 정곡을 맞추지 못하면 돌이켜 그 원인을 자기 자신에게서 찾는다."

공자는 활 쏘는 것이 군자의 사람됨과 같다고 했다. 군자는 정곡을 맞추지 못하면 자신의 수련이 부족함을 탓할 뿐이라고 했다. 《중용》에 나오는 말이다. 정곡, 수련 부족과 어울리는 단어는 하나이다. 바로 앞서 말한 정성 성誠 자이다. 말한 바를 이룬다는 것으로, 원하는 것이 이루어지지 않으면 정성이 부족하다는 해석도 마땅하다.

《중용》은 사람으로서 살아갈 이치를 담은 책이다. 첫 장은 하늘의 명령으로부터 시작한다. 하늘의 명령을 성性이라 한다. 성은 날 생生과 마음 심心이 합해져서 나온 말이다. 즉 살려는 마음, 살려는 의지를 말하는 것이다. 하늘의 뜻은 모든 것을 살게 하는 것이다. 하늘은 만물의 시작이자 끝이다. 하늘이 없으면 어떠한 사물도 살아갈 수 없다. 이러한 하늘의 뜻인 성性을 조화롭고 온전히 드러내게 하는 것이 바로 정성 성誠이다.

《중용》은 성자천지도야 성지자 인지도야誠者天之道也 誠之者 人之道也, 즉 성은 하늘의 도이고, 성에 이르는 것은 사람의 도라고 설파했다. 도는 사람이 마땅히 가야 할 길이다. 도와 성은 한 치도 어긋나지 않는다.

사람이 하늘을 본받아 성을 따른다는 것, 즉 성지誠之는 하늘에 부합되는 것이다. 진정으로 성에 도달하면 인간이 바로 하늘이고, 하늘이 바로 인간이다. 이것이 천인합일天人合一의 경지가 아니고 무엇이겠는가. 천인합일은 인간 완성의 최고 경지다. 최고의 경지에 이른 인간이 이루지 못할 일은 없다.

정성의 중요성은 누구나 안다. 그러나 삶을 살아가면서 올곧게 이를 지키는 사람은 거의 없다. 다만 일부 시기에 정성을 지키는 사람은 있다. 누구나 성공적인 삶을 살다 가려 하지만 도중에 주저앉는 것은 성의 운용에 잘못이 있다는 말이다. 나는 우는 딸아이에게 똑같은 질문을 연달아 세 번 했다. "정말 정성을 쏟았느냐?"

첫 번째 물었을 때 아이의 대답은 거침이 없었다. 조금도 망설이지 않고 그렇다고 했다. 그런데 계속 같은 질문을 하니 아이도 조금 이상했나 보다. 세 번째 질문에는 쉽게 대답하지 않았다. 결론적으로 말하자면 아이는 진정한 정성을 쏟지 않았다. 무늬만의 정성을 보여줬을 따름이다. 진정한 정성을 쏟는 것은 결단코 어려운 일이다.

진정한 성과 무늬만의 성은 세 가지 점에서 차이가 난다. 불식不息(쉼이 없다), 치곡致曲(작은 것에도 정성을 다하라), 신독愼獨(혼자 있을 때 삼가라)이 바로 그것이다.

첫 번째는 불식이다. 《중용》에서는 성의 실천은 쉼이 없어야 한다고 했다. 배우면 능할 때까지 포기하지 않는다. 모르면 알 때까지 결코 포기하지 않는다. 생각하지 않으면 모르되 일단 생각하면 떠오를 때까지 포기하지 않는다. 분별하지 않으면 모르되 분별을 시작하면 명확하게 분별될 때까지 포기하지 않는다. 행하지 않으면 모르되 실행에 옮기기 시작했으면 결과를 얻을 때까지 포기하지 않는다.

남이 한 번 배우고 말면 자신은 백 번을 배우고, 남이 열 번 배워 알면 자신은 천 번을 익힌다. 바로 박학博學, 심문審問, 신사愼思, 명변明辯, 독행篤行이 성의 실천 논리인 것이다.

두 번째는 치곡이다. 작은 일에도 정성을 다해야 진짜 성이다. 작은 일에도 정성이 있으면 그것은 형상화되고, 형상화되면 외부로 드러나게 된다. 드러나면 밝아지고 밝아지면 만물이 움직이고 움직이면 변하게 된다. 변화가 일어나면 만물이 조화롭게 길러진다.

세 번째는 신독이다. 어느 것에도 치우침이 없고 항상성을 유지하라는 《중용》의 가르침은 신독에서 확연히 드러난다. 군자신기독야君子愼其獨也, 즉 혼자 있을 때 각별히

삼가야 한다고 《중용》은 강조했다.

《중용》의 소중한 덕목을 자기 통제라 볼 때 신독은 중용의 꽃봉오리다. 자기 통제를 이룬 자는 혼자 있을 때 더욱 그 뜻을 소중하게 여긴다. 남에게 어떻게 보이는가가 아니라 내가 마음속에서 무엇을 진정으로 추구하는가가 중요한 것이다. 정성은 남에게 보여주는 쇼가 아니다. 그래서 하늘의 뜻을 찾는 사람들은 혼자 있을 때 그 뜻을 정성스럽게 하기 위해 조심, 또 조심하는 것이다.

불식, 치곡, 신독, 이 세 가지 단어는 진정한 성과 무늬만의 성을 가르는 기준이다. 어설픈 정성으로 세상을 대하면 안 된다. 최선을 다했는데 일을 이루지 못했다면 불식, 치곡, 신독으로 자신을 돌이켜보아야 한다. 앞서 필자가 아이에게 세 번을 거듭 물어본 것은 불식, 치곡, 신독을 따진 것이다. 무늬만의 정성으로 세상을 대하지 말라는 경고였다.

성은 삶을 변화시키는 소중한 원리다. 변화를 넘어서 근본을 바꿔버리는 변형의 단계에까지 이르게 하는 것 또한 성이다. 한 번의 삶에서 다양한 차원의 삶을 살아가는 것, 변형의 삶을 이루어내는 것은 성숙한 삶의 표본이다. 허나 사람들은 자신이 하는 일에서, 사람들과의 관계에서, 자신의 꿈을 실현하는 과정에서 그 소중한 원리를 잊고 산다. 성이라는 소중한 원리는 제쳐두고 사소한 일들로 자신의 삶을 낭비하고 있다.

이유가 무엇인가. 실천을 어렵게 보고 자꾸 미루기 때문이다. 바로 이 자리에서 지금 하는 것이 실천이다. 내일 저 자리에서 한다고 생각하면 실천할 수 없다. 실천이란 단어는 지금 이 순간을 말하는 것이지 과거와 미래를 말하는 것이 아니다. 내일부터 성을 쏟겠다고 하는 순간 성은 저 멀리 사라지고 만다. 일의 경중을 따져가며 성을 쏟는 것도 성을 실천하는 자세가 아니다.

내가 지금 하는 일이 가장 소중한 일이고 지금 만나는 사람이 가장 소중한 사람이다. 지금 있는 자리가 가장 소중한 곳이고, 지금 이 시간이 가장 소중한 시간이다. 가장 소중한 것이 지금 이 자리에 있는데 어찌 성의 실천을 내일로 미루는가. 성의 실천은 멀리 있는 게 아니다. 지금 바로 이 순간의 일상생활에서 적용하는 것이다.

그런데 이 간단한 것을 누구나 쉽게 하지 못한다. 아니 쉽게 할 수 없다는 표현이 더 적합할 것이다. 성의 실천에는 평범한 사람이 견디기 어려운 전제가 필요하기 때문이다. 그것은 욕심을 버리는 것이다. 성의 또 다른 해석인 '만물의 조화'를 가로막는 것이 바로 욕심이다. 평범한 사람들은 욕심이 앞서 억지 부리고 제멋대로 하는 경향이 있다. 억지 부림은 자신의 생각을 관철시키기 위해 떼를 쓰는 것이다. 제멋대로 하는 것은 자신이 해야 할 일과 하지 말아야 하는 일을 혼동하게 한다. 모두 성의 실천을 가로막는 대표적인 폐단이다.

'공자의 절사絶四'라는 말이 있다. 공자에게는 네 가지가 없다는 말이다. 그것은 무의無義, 무필無必, 무고無固, 무아無我이다. 인위적인 마음이 없고, 반드시가 없고, 고집을 피우지 않고, 모난 데가 없다는 뜻이다. 절사의 경지에서 성은 자연스럽게 실현된다.

성을 실천하는 사람은 마음이 비어 있다. 비어 있는 그 자리에 하늘의 뜻이 자리 잡는다. '지성이면 감천'인 것이다. 《중용》은 말한다. "성에 이르면 모든 것이 명백해지고. 명백해지면 곧 성에 이른다. 성이 세상을 밝히고, 성으로써 참된 지혜를 얻을 수 있다. 지성至誠의 경지는 만물의 시작과 끝이다."

사실 평범한 사람들에게 이러한 경지의 성은 요원한 일일 것이다. 허나 '성공과 실패'를 가르는 성의 중요성을 알았다면 그 요원한 길을 한 걸음 한 걸음 떼면 될 일이다. 지금 이 자리에서.

다시 서두로 돌아가자. "정말 정성을 쏟았느냐?" 성공과 실패 사이에서 우왕좌왕하는 세상 사람들에게 다시금 묻고 싶은 말이다. 나 자신을 포함해서 말이다.

★ 성공과 실패는 성誠에 달려 있다.
★ 어설픈 정성으로 세상을 대하지 말라.

사람에서 시작되고
사람에서 끝난다

오긍 | 《정관정요》

"

비즈니스를 하다 보면 흔히 '사람 관리'를 잘
해야 한다고 한다. 그런데 그 사람 관리라는 게 무엇일까?
내 곁에 꼭 필요한 사람은 어떻게 알아볼 수 있을까? 예컨
대 차용증도 없이 지인에게 돈을 빌려주었다가 받지 못하
는 경우가 왕왕 있다. 이럴 때는 받지 못한 돈에 대한 아쉬
움도 크지만 믿음에 배신을 당했다는 상처가 더 크게 느껴

진다. 신뢰 관계가 무너진 것이다. 상처를 극복하고자 상대방을 잘못 본 자신에게도 문제가 있다고 자책하기도 한다. 주변 사람을 관리한다는 것은 그만큼 어려운 일이다.

살다 보면 어떤 식이든 어려움을 겪게 마련이지만, 그런 상황에서 어떻게 행동하는가에 따라 사람의 품격은 달라진다. 소인은 어려운 상황에 닥치면 함부로 행동한다. 문제는 소인을 구별하기가 그리 쉽지 않다는 데 있다. 개인이든 기업이든 조직이든, 사람을 어떻게 관리하느냐에 따라 흥하기도 하고 망하기도 한다.

이런 점에서 특히 사람 관리에서 탁월한 능력을 보여준 중국 당나라 태종을 떠올리지 않을 수 없다. 그가 제위했던 626년부터 649년에 이르는 23년 동안 정치·경제·문화·예술 등 다방면에서 비약적인 발전이 이루어졌다. 후대의 역사가들은 이를 정관치세라고 칭송했다.

당태종의 정치철학은 크게 세 가지로 요약된다. 이전 시대 정치상의 득실을 고찰하여 역사의 거울로 삼는 것이 그 하나이고, 어질고 선량한 사람을 기용하여 그들과 함께 나라를 다스리는 방책을 상의하는 것이 그 둘이며, 소인을 배척하고 소원시하며 참언讒言을 듣고 믿지 않는 것이 그 셋이다.

당태종이 무엇보다 치국의 도로 자기 수양과 사람 관리를 가장 우선시했음을 알 수 있다. 특히 현명하고 능력 있는 사람, 근본을 잃지 않는 사람을 선발해 어진 군주가 되려는 노력을 아끼지 않았다.

위징은 태종의 노여움을 두려워하지 않고 수백 번이나 간언諫言을 한 충신이었다. 어떠한 상황에서도 인간의 근본을 저버리지 않았던 위징을 잃고 나서 하루는 태종이 측근들에게 다음과 같이 말하며 눈물을 흘렸다. 《정관정요》는 이렇게 전한다. "사람은 동경에 자신의 모습을 비추어 보아 의관을 제대로 바로잡을 수 있소. 역사를 거울로 삼으면 시대의 흐름과 국가의 흥망성쇠를 알 수 있으며, 사람을 거울로 삼으면 그 사람을 모범으로 하여 선악을 판단할 수 있소. 짐은 항상 이 세 개의 거울로 나의 잘못을 고쳐왔소. 이제 위징을 잃었으니 마침내 하나의 거울을 잃어버린 셈이오."

위징과 태종의 만남에는 특별함이 있었다. 태종은 사람을 찾는 데 주저함이 없었다. 대표적으로 위징을 선택한 것은 위대한 결단이었다. 왕자 시절 이세민(후의 태종)은 현무

문에서 황태자 건성을 살해한 후 그의 태자세마인 위징을 불러 질책했다. "당신이 우리 형제를 이간한 것은 무엇 때문인가."

그곳에 있던 많은 사람은 모두 위징이 죽게 될 것이라 생각했다. 위징은 주저 없이 태연하게 이렇게 답했다. "황태자 건성이 만일 저의 계책대로 따랐다면 틀림없이 오늘의 재앙은 없었을 것입니다."

이세민은 잠시 생각하다가 위징에게 경의를 표했다. 죽음을 불사하고 옳다고 여긴 바를 말하는 위징을 높게 산 것이다. 그리고 나중에 황제가 되자 그를 간의대부로 발탁했다. 태종은 이에 대해 신하인 장손무기에게 설명했다. "과거에 분명 위징은 우리의 적이었소. 그러나 그는 전심전력을 다해 자기가 모시는 사람을 섬겼을 뿐이니 이 또한 칭찬할 만하오."

당태종의 포용력과 인재에 대한 애정을 알 수 있는 일화이다. 태종은 항상 인재를 그리워했다. 정관치세의 핵심은 역시 사람이다. 당태종은 치세 기간 동안 끊임없이 위징·방현령·두여회·왕규·장손무기 등의 신하들과 문답을 나눴고, 이들의 간언을 적극 수용했다. 태종처럼 신하들에게 간언을 요구하고, 받아들인 역대 제왕은 없었다.

당태종의 그러한 탁월한 수용력은 수양제의 사례에서 비롯된 것이다. 당태종은 수나라가 망한 이유가 간언을 하는 신하가 없었기 때문이라고 본 것이다. 《정관정요》에 따르면 태종은 정관 초년 공경公卿들에게 이렇게 말했다고 한다. "수양제는 잔인하고 포학했지만 신하가 입을 다문 채 아무 말로 하지 않았으므로 자기에게 어떤 허물이 있는지 듣지 못했소. 결국 나라는 멸망했소. 대신들은 내가 백성들에게 불리한 일을 하는 것을 보면 반드시 거리낌 없이 직언해 비판해야 하오."

태종이 처음부터 명군은 아니었다. 그는 신하들의 충언을 적극적으로 받아들이고 비판을 감수, 성숙한 통치자로 거듭났다. 긍정적으로 주변에 귀를 기울이는 것, 즉 소통이 지도자의 중요한 덕목이라는 점을 증명한 것이다. 당태종은 소통의 리더십의 교과서와 같은 인물이라 하겠다.

소통의 핵심은 마음을 비우는 것이다. 사념, 욕심, 감정이 있으면 남의 말을 제대로 들을 수 없다. 허수인虛受人, 즉 마음을 비워 남의 말과 행동을 받아들이는 자가 소통의 대가이다. 되도록 많은 신하의 의견을 받아들이는 군주는 명군이고, 자기 기분에 맞는 신하의 의견만을 존중하는 자는 암군이다. 이와 관련하여, 당태종은 인재를 끊임없이 갈구했다. 정관 2년 태종은 신하에게 이렇게 말했다. "나라를 다스리는 데 가장 중요한 것은 인재를 얻는 것이오. 만일 기용한 사람이 재능을 갖추지 못했다면 나라는 반드시 다스리는 일이 곤란해질 것이오."

당태종은 인재 추천을 적극 권장했다. 누가 누구를 추천하는가를 보고 그 사람의 능력을 평가했고, 인재 추천을 주저하는 신하들을 엄하게 꾸짖었다.

나라나 조직을 다스리는 사람에게 절박한 일은 대인을 가까이 두고 소인을 물리치는 일이다. 다음은 《정관정요》에 나오는 소인과 군자를 구분하는 기준에 관한 일화다. 당태종이 물었다. "수양제는 우문술이 변방에서 세운 공훈을 칭찬하고 그의 아들 우문화급을 높은 지위에 발탁했소. 그러나 그는 군주에게 어떻게 보답할 것인지를 생각하기는커녕 오히려 군주를 시해했소. 이것은 무슨 까닭에서요."

그러자 잠문본이 말했다. "군자는 자신이 받은 은덕을 충분히 간직할 수 있는데 소인은 은혜를 감당할 줄 모릅니다. 양현감과 우문화급 같은 사람은 벼슬은 높았을지라도 모두 소인입니다. 그러므로 옛사람은 군자를 존중하고 소인은 천하게 여겨 멀리했던 것입니다."

군자란 인간의 도리를 알고 행하는 사람이며, 소인이란 인간의 도리를 모르거나 알면서도 행하지 않는 사람이다. 인간의 도리는 은원관계를 분명히 하는 데서 찾을 수 있는 것이다.

또 하나 중요한 것이 책임감이다. 군자는 스스로 책임지고, 소인은 책임을 지지 않는다. 군자는 자신이 처한 곤경을 하늘이나 다른 사람 탓으로 돌리지 않는다. 현실을 인정하고 받아들이면서도 자신의 뜻을 놓치지 않는다. 따라서 곤경에 빠진 군자는 반드시 형통하며, 곤경에 빠져 형통할 수 없는 사람은 소인이라고 말할 수 있다.

소인들은 자신들의 이익을 위해 결탁한다. 이를 결당영사結黨營私라고 한다. 대인은 수수한 마음으로 서로 도와준다. 이를 동심동덕同心同德이라 한다. 동심동덕을 결당영사로, 결당영사를 동심동덕으로 간주하는 조직이나 나라는 오래갈 수 없는 것이다.

소인과 군자, 결당영사와 동심동덕을 구분해서 화를 미

연에 방지하고자 한다면 무엇보다 먼저 사람을 보는 안목을 길러야 한다. 세상이 혼란할 때는 오직 그들이 지니고 있는 재능만을 요구할 뿐 그들의 덕행 여부는 돌아보지 않는다. 그러나 이는 오산이다. 재능과 덕행을 모두 갖춘 사람을 찾아야 한다. 그 대표적인 실례가 춘추오패 중 으뜸으로 여기는 제나라 환공의 일화이다.

춘추시대 제환공을 보좌해 패업을 이루어 그에게 두터운 신임을 얻었던 관중은 간신을 알아보는 혜안을 가지고 있었다. 관중은 죽기 전에 제환공에게 충언을 했다. "역아와 수조, 개방은 절대로 등용하지 마십시오."

제나라 3귀三貴라 불린 수조·역아·개방, 세 사람은 교활한 방법으로 환공의 총애를 얻었지만 정작 환공은 이를 깨닫지 못했다. 관중은 그들의 행동거지를 면밀히 관찰, 환공에게 그들을 경계할 것을 충고한 것이다.

이후 수조·역아·개방, 세 사람은 환공이 중병에 걸린 틈을 이용해 궁궐 문을 걸어 닫고 아무도 들어오지 못하게 한 후 환공을 굶겨 죽였다. 일세를 풍미한 영웅이 단 한 가지, 소인을 가려내는 안목 부족 탓으로 비참한 말로를 겪은 것이다.

훌륭한 사람을 좋아하면서도 훌륭한 사람을 발탁하여 중용할 수 없는 것, 사악한 사람을 싫어하지만 사악한 사람을 멀리할 수 없는 것은 나라나 조직을 망하게 하는 지름길이다. 정관 초기 태종이 왕규와 문답을 나눴을 때의 일이다. 왕규가 말했다. "저는 《관자》에서 이런 글을 읽었습니다. 제 환공이 멸망한 곽나라로 가서 무엇 때문에 멸망했는지 그곳의 노인들에게 물었습니다. 대답은 군주가 선량한 사람을 좋아하고 사악한 사람을 싫어해서 망했다는 것입니다. 이 말을 듣고 제환공은 의아하게 생각했습니다. 이에 대해 노인들은 군주가 선량한 사람을 좋아하지만 그들을 등용하지 못하고, 사악한 사람을 싫어하지만 그들을 제거하지 못했기에, 나라가 멸망했다고 덧붙였습니다."

알면서도 실천하지 않은 곽나라의 군주를 빗대 태종의 실천을 촉구한 것이다. 지난이행知難易行, 즉 알긴 어렵고 행하기는 쉽다는 말이 있지만, 지이행난知易行難, 다시 말해 알긴 쉽되 행하는 것이 정말 어려운 일이다. 실천의 중요성은 선지자들이 누누이 강조했다. 순자는 '널리 배우는 것은 요체를 아는 것만 못하고 요체를 아는 것은 성실하게 행하는 것만 못하다'고 말했다.

실천은 형통이다. 실천하며 자신을 변화시켜 가는 그 과정 자체가 일을 성공적으로 이끌어가는 왕도이다. 당태종은 구체적인 성과를 가져오는 분명하고 능동적인 조치들을 실행에 옮긴 실천 지향적인 리더였다. 실천을 통해 스스로를 재창조해간 탁월한 리더였다.

당태종이 신하들과 나눈 문답집인《정관정요》는 당나라 사관 오긍이 저술했다. 당현종 이후 중국의 역대 황제들은 의무적으로 이 책을 읽도록 했으며, 조선과 일본에서도 많은 지도자들이 읽었다는 기록이 있다. 명석한 군주의 길을 가르치는 교재로 이상적인 지도상을 제시한《정관정요》는 제왕학의 교과서로 불린다.

《논어》는 배움에서 시작하여, 사람을 알아보는 것으로 끝난다.《논어》의 첫 구절은 '배우고 자주 그것을 익히면 매우 기쁘지 않겠는가'이다. 마지막 구절은 '명을 알지 못하면 군자가 될 수 없고, 예를 알지 못하면 설 수가 없고, 말을 알지 못하면 사람을 알 수 없다'이다.

《정관정요》역시 사람을 강조했다.《정관정요》는 사람에서 시작되고 사람에서 끝난다. 현명한 신하들을 옆에 두고 끊임없이 묻고 대답하면서 나라를 이끌어갔다. 사람을 통해 배우고 사람을 통해 나라를 다스렸다.

《정관정요》는 이렇게 말한다. "황제는 태전에게, 전황은 녹도에게, 요임금은 윤수에게, 순임금은 무성소에게, 우임금은 서왕국에게, 탕임금은 위자백에게, 문왕은 자기에게, 무왕은 괵숙에게 배웠다. 이전 시대의 성왕들이 이러한 스승을 만나지 못했다면 그들의 공업은 천하에 빛날 수 없었을 것이고 명예는 역사책에 기록될 수 없었을 것이다. 짐은 역대 군왕의 뒤를 계승했지만 지혜가 성왕만 못한데 만일 스승이 없다면 어찌 수많은 백성들을 다스릴 수 있겠는가."

★ 소통의 핵심은 마음을 비우는 것이다.
★ 사람을 통해 배우고 사람을 통해 조직을 운영하라.

>
> 관계는
> 나를 비추는 거울이다   생텍쥐페리 | 《어린왕자》
>

Q 관리자의 고민
이미지로만 이루어진 관계에
지쳐갑니다.

A 리더의 해답
관계 사이에 연민과 책임감이
흐르게 하세요.

하루가 멀다 하고 갑질 사건 뉴스가 터져나
온다. 땅콩리턴 사건을 시작으로 백화점 모녀 사건, 이후
보도된 사건들을 일일이 열거하기 어려울 정도다. 이런 사
건들은 우리 자신이 누구이며, 사람과의 관계를 어떻게 맺
어야 하는지 생각해보는 계기가 된다.

삶을 제대로 살아가려면 자신을 아는 것부터 시작해야

한다. 세상을 이해하는 것 역시 자신을 아는 것에서부터 시작된다. 자신을 아는 방법은 간단하다. 관계에서 찾으면 된다. 사람·대상·일·관념 등 세상과 맺는 우리들의 관계 말이다. 삶은 관계로 이루어져 있다. 독단적으로 존재하는 것은 이 세상에 없다. 관계란 상대방에게, 세상에 반응한다는 것이다. 따라서 관계란 자기를 적나라하게 보여주는 거의 유일한 방식이다.

관계는 나를 비추는 거울이다. 똑바른 것, 일그러진 것, 흐릿한 것, 어두운 것, 밝은 것 등을 그대로 비춰주는 거울이다. '관계의 거울'은 자신을 파악하는 데 중요한 포인트이다. 그런데 사람들은 이 중요한 포인트를 놓치는 경우가 허다하다. 거울 속 자신의 모습을 제대로 보지 못한다는 말이다. 그것은 관계라는 거울 속에 묻어 있는 허물 때문이다. 그 허물 중 하나는 바로 편견이나 신념이다. 편견과 신념의 눈으로 바라본 거울에는 자신의 진정한 모습이 비춰지지 않는다. 실재가 아닌 이미지로 일그러진 모습만 보인다. 이래서는 진정한 자신의 모습을 찾을 수 없다.

허물의 또 다른 모습은 미화이다. 자신의 모습을 과대포장하고, 아름답게 치장한다. 욕망으로 일그러진 속과 다른 겉모습에 치중하면서 관계를 맺는다. 이 또한 실재가 아닌 자신의 이미지를 비출 뿐이다. 이렇게 되면 관계는 실재가 아닌 이미지끼리의 만남이 되고 만다. 이미지끼리의 만남은 거짓이다.

이런 이미지끼리의 만남은 관계의 불행이라 말할 수 있다. 이미지 관계는 깊이가 없다는 말이고, 깊이가 없는 만남은 진정성이 없다. 포장된 이미지로 서로를 속이는 것이다. 가면을 쓴 채 이익과 이익이 만나고, 욕망과 욕망이 부딪히고, 조건과 조건이 어우러지는 현장에서는 진정성은 사라지고 없다.

진정성이 사라진 곳에는 거짓된 가치들만 난무한다. 거짓된 가치의 중심에는 소유욕과 자기중심성이 자리한다. 미성숙의 징표인 자기중심성과 욕심이 일그러진 무한한 소유욕이 관계를 통제한다는 말이다. 이때 관계는 고정되고 움직이지 않는다. 이는 더 이상 살아 있는 관계가 아니다. 죽은 관계다. 시체처럼 굳어 있는 관계다.

땅콩리턴 사건 역시 죽음의 시각에서 생각해볼 수 있다. 즉 '관계가 죽어 있다'는 것이다. 상대방에 대한 일말의 감정도 허용하지 않는 죽어 있는 관계에서는 그 어떤 기이

한 일도 일어나게 마련이다. 땅콩이라는 아주 미미한 물건이 비행기라는 거대한 물체를 회항시키는 전대미문의 사건도 벌어지는 것이다. 죽어 있는 관계에서는 이보다 더한 사건이 벌어지지 않으리라는 보장이 없다.

관계의 중요성은 양자물리학에서도 강조하는 바이다. 양자물리학에서는 끊임없이 움직이는 물질(소립자) 간 관계의 작용만을 찾을 수 있다. 물질세계의 기본 본성이 고정된 물체가 아니라 상호관계로 이루어졌다는 것이다. 아우구스티누스의 관계설이나 구조주의 철학 역시 대상(사물) 사이의 관계를 이해하는 것으로 세상을 파악하고 있다.

물질 간의 관계든 사람 간의 관계든, 관계는 세상을 구성하는 중요한 요소이다. 그런데 사실 우리는 이러한 관계를 맺는데 절실하지 않다. 그 이유는 크게 두 가지다. 하나는 두려움 때문이다. 불완전하고 불안하고 약한 자신의 모습을 남이 알아차릴까 봐 두렵다. 자신의 진정한 모습을 아는 것을 두려워한다. 또 다른 하나는 무지 때문이다. 관계가 세상을 구성하는 중요한 요소임을 알지 못하기에 그 소중함도 모르는 것이다. 이렇다 보니 관계는 겉치레에만 그치고 만다.

인간人間이란 한자 어원대로라면 사람人과 사람人 간의 사이間이다. 혼자서는 인간이라는 존재가 성립되지 않는다. 사람과 사람 간에는 사이가 있어야 한다. 사이는 틈새를 말한다. 틈새는 굳어 있지 않다. 서로를 잇는 공간으로서 유연하게 존재한다. 이 자유로운 공간을 굳어 있지 않게 하려면 그 사이에 무엇이 흐르게 해야 하는가?

이 공간에 대한 이해가 진정한 자신의 삶과 세상을 여는 열쇠이다. 자유로운 공간을 여는 열쇠를 찾기 위해서는 우선 한 가지 전제조건이 있다. 그것은 앞서 말한 이미지를 제거하는 것이다. 이것이 관계 정립에 중요한 핵심 포인트다. 이미지는 가면이다. 가면 쓴 얼굴을 들여다본들 그 본연의 얼굴을 파악할 수 있겠는가.

이미지로 구축된 관계가 지향하는 바는 안전이다. 허나 이는 불가능한 일이다. 이미지 관계의 속성이 바로 소유욕과 자기중심성이기 때문이다. 소유욕에 침해를 받거나 자기중심성에 방해를 받으면 바로 깨진다. 안전한 관계는 착각이자 환상이다. 이런 관계는 갈등을 불러일으킨다. 관계 안에서 자신의 욕망을 고정시키기 때문에 갈등이 비롯된다. 자기중심성은 또 이러한 갈등을 부채질한다.

다시 말하지만 땅콩리턴 사건에 등장하는 임원과 사무장의 관계는 이미지로 고착화된 관계, 욕망과 자기중심성에 의해 일그러진 갈등관계다. 임원은 그의 입에서 나오는 말이 직원들에게 법이 되는 절대 권력의 이미지였고, 사무장은 상대에게 무조건적 친절을 베풀어야 하는 서비스맨의 이미지였다.

그러나 앞서 말했듯 이런 경우 자기중심성에 방해를 받으면 관계는 곧바로 깨지고 만다. 내가 이런 행동을 했을 때 저 사람은 저런 사람이니까 저렇게 하겠지, 하는 생각이 갈등의 불씨를 불러일으키기 때문이다. 이론적으로는 자신의 생각대로 사람이 대답하고 움직여야 하지만 상대는 고착된 이미지로만 행동할 수 없는 변수가 많은 존재다. 그리고 상대적 약자는 깨진 관계 속에서 철저히 고립되고 만다. 그 어떤 구원의 손길도 보이지 않는 허허벌판에 버려진 기분은 상상하는 것만으로도 당황스럽다. 인간관계의 황폐화, 이것이 내가 생각하는 땅콩리턴 사건의 요체이다.

이쯤에서 생텍쥐페리의 《어린왕자》를 떠올리지 않을 수 없다. 허허벌판에 버려진 느낌이 쓸쓸한 사막에 홀로 떨어진 어린왕자를 불현듯 생각나게 한다. 어린왕자가 이전에 방문한 여섯 개의 소행성에서 사람들이 추구하는 것은 다름 아닌 소유였고 이들은 자기중심성이 확고했다.

반면 어린왕자는 화자인 조종사와 관계를 만들어나간다. 어린왕자는 조종사를 여우의 말대로 서서히 길들여갔다. 길들인다는 것은 관계를 맺는다는 뜻이다. 소유와 자기중심성으로 굳어진 관계가 아닌 열린 관계로 말이다. 그것은 권위와 계산이 난무하는 어른들의 관계를 배제한 어린아이의 관계다. 한마디로 소통 가능한 관계인 것이다. 서로를 알아가고 서로를 생각하고 서로에게 영향을 받고 서로를 배려하는. 책 속에서 어린왕자는 이렇게 말한다. "아저씨 마음이 가라앉으면 나를 알게 된 것을 기쁘게 생각할 거예요. 아저씬 언제까지나 내 친구일 거예요. 나하고 함께 웃고 싶어 하겠지요."

이 책에는 관계에 관련된 또 눈여겨볼 말이 있다. 어린왕자는 사막에 떨어진 뒤 꼭 1년 만에 지구를 떠나면서 이렇게 말했다. "아저씨… 내 꽃 말인데요… 나는 그 꽃에 책임이 있어요. 그 꽃은 정말 연약하거든요! 너무나 천진난

만해요. 별것도 아닌 네 개의 가시를 갖고서 세상으로부터 자기 몸을 보호하려 하고 있어요…." 자신과 관계를 맺은 꽃을 위해 그는 지구를 떠나기로 한 것이다.

연민과 책임감은 관계의 진수이다. 연민과 책임감에는 향기가 흐른다. 생생한 인간의 향기 말이다. 이러한 인간의 향기는 배려라는 말로 얘기되고 있다. 인간관계에서 배려란 어원 이상의 의미를 갖고 있다. 상대방을 살 수 있게 하는 것이 배려다. 남을 이해하는 수준을 넘어 책임감과 연민을 갖고 상대방을 보살피는 것이 배려다.

이제 중국 고전을 한번 살펴보자. 《논어》에서 증자는 공자의 도는 충서忠恕뿐이라고 했다. 충서는 공자가 말하는 인仁 사상의 핵심이다. 용서 서恕는 같을 여如와 마음 심心으로 이루어진 글자다. 내 마음을 다른 사람의 마음과 같게 한다는 뜻이다.

인仁은 사람 인人과 두 이二로 이루어진 글자다. 타인을 대하는 이치를 설파하는 글자다. 맹자는 인을 구하는 데 서보다 더 가까운 것이 없다 했다. 서는 인에 이르는 가장 가까운 길이자, 배려의 다른 이름이다. 책임감과 연민으로 이어진 배려는 상대방을 설 수 있게 해주고, 더 나아가 살 수 있게 해주는 것이다.

다시 질문을 던져본다. 앞서 던진 질문이다. 사람과 사람 사이에는 무엇이 흘러야 하는가? 연민과 책임감이다. 생텍쥐페리의 《어린왕자》는 그것을 다시 일깨우고 있다.

★ 안전한 관계는 없다. 그것은 착각이자 환상이다.
★ 관계는 자신을 적나라하게 보여준다.
★ 사람과 사람 사이에는 연민과 책임감이 흘러야 한다.

"

설득의 토대는
이해다

플라톤 | 《소크라테스의 변명》

"

Q 관리자의 고민
상대의 마음을 얻기 위한
가장 좋은 방법은 무엇인가요?

A 리더의 해답
신뢰를 바탕으로
진실한 울림을 전해주세요.

전남 무안에 있는 유명 도자기 회사를 방문
했을 때의 일이다. 목포역에서 무안까지 같이 차를 타고 가
는 동안 그 회사 직원과 이런저런 얘기를 나누다가 그동안
일하면서 가장 기억에 남는 사람이 누구인지 물었다. 그는
이렇게 답했다. "진주에서 식당을 하시는 한 아주머니요."
의외였다. 이 회사는 맞춤 도자기를 생산하는 곳으로,

외식업계에서 유명한 사람들은 한번쯤 다 거쳐가는 곳이다. 그런데 그런 쟁쟁한 사람들을 두고 진주에서 식당을 하는 분이 가장 기억에 남는다니. "도자기 샘플을 돌려보낸 유일한 사람이라서요. 그분은 샘플을 자신의 업소 음식과 어울리는지 체크해보고, 돌려보낸 것이지요. 필요한 그릇도 충분히 주문하고요. 정말 충격적이고 독특한 경험이었어요. 공짜라고 서로 샘플을 많이 가져가려 하는데…. 다시 한 번 꼭 보고 싶은 분입니다."

단순한 감동이 잔잔하게 밀려드는 일화이다. 그림이 그려진다. 흑백의 명암이 뚜렷한 단채單彩 소묘 같다. 그 어떤 책에서도, 어떤 명사에게서도 배우지 못한 은은하면서도 강력한 울림이 있었다.

그의 회사를 다녀간 수천 명의 사람들 중 단 한 명의 사람, 샘플을 돌려준 사람과의 단 한 번 뿐인 만남인데도 이 사람에게는 너무도 강렬했는가 보다. 그의 말은 내게도 울림을 주었다.

한 사람의 생각을 바꾸는 것은 일순간이다. 하나의 작은 울림으로 가능하다. 다만 그 울림을 받아들이는 사람의 유연한 자세도 중요하다. 상호 간의 우정 어린 교류에서 설득의 진수인 균형점이 만들어지는 것이다. 도자기 회사 직원은 아주머니의 울림에 적극 반응했다. 이보다 강력한 설득이 어디 있단 말인가.

울림, 참으로 설레는 단어이다. 감성을 자극한다는 점에서도 그렇지만 그 영향력이 너무도 탁월해서 하는 말이다. 울림은 특히 삶을 변화시키는 강력한 설득 도구이다. 울림은 시공을 가로지른다. 위대한 인물의 울림은 천년을 두고도 웅장하게 흐른다. 고대 철학자 플라톤이 저술한《소크라테스의 변명》마지막 장면은 아직도 사람들에게 커다란 울림을 준다. "이제 떠나야 할 시간이 되었습니다. 이제 우리는 각기 우리의 길을 가야 합니다. 나는 죽기 위해, 여러분은 살기 위해. 그러나 어느 쪽이 더 좋은지는 신만이 알고 계십니다."

최후의 순간마저도 그는 자신을 고소하고, 사형 판결을 내린 아테네 시민들을 설득하는 데 진력했다. 소크라테스는 설득의 대가이다. 역설적으로 설득의 대가가 설득 때문에 죽음의 길로 들어서게 됐다.

자신의 죽음은 그에게 그다지 중요한 문제가 아니다. 죽음보다도 훨씬 중요한 원칙, 올바로 사는 것을 위해 죽음을 선택한 것이다. 그것은 그의 선택의 문제이지 설득의 문제가 아니다. 아테네 시민들은 분명 그의 사후 괴로워했을 것이다. 《소크라테스의 변명》 중에는 다음과 같은 말이 나온다. "사형 판결을 내린 여러분에게 나는 다음과 같은 예언을 하고자 합니다. 여러분은 내가 죽은 후 여러분이 나에게 가한 형벌보다 훨씬 가혹한 형벌을 받게 될 것입니다."

그의 말들은 수천 년 이상의 세월이 흘렀어도 사람들의 마음에 큰 울림을 주고 있다. 강력한 설득이다. 소크라테스, 플라톤과 같은 위대한 인물들은 한결같이 설득의 대가이다. 자신들의 설득에 영향을 받아 세상을 다른 관점으로 보도록 유도한다.

다른 관점에서 살펴보자. 설득은 상대방을 내가 원하는 방향으로 이끄는 것이다. 어떤 면에서는 내 편으로 만드는 것이다. 특정한 조건에 대한 동의를 얻어내는 협상과는 다르다. 협상은 돈과 관련되어 있다. 당연히 협상 기술이 절대적으로 필요하다. 설득에도 기술이 필요하지만 협상만큼은 아니다.

설득에는 기술보다 중요한 그 무엇이 있다. 그것은 신뢰다. 신뢰는 원칙을 지키되 유연한 태도를 갖춘 사람들의 훈장이다. 원칙 없이 여기저기 기웃거리는 사람에게는 신뢰가 쌓이지 않는다.

설득의 달인이 되려면 먼저 상대방을 이해하려는 자세가 필요하다. 상대방이 정말 원하는 것을 꿰뚫어 볼 수 있는 눈이 필요한 것이다. 상대방이 정의를 부르짖지만 실상은 돈을 추구하는 사람인지, 돈보다는 명예를 중시하는 사람인지 등을 살필 수 있는 예민한 감각이 있어야 한다.

흔히 사람들이 설득에 실패하는 이유가 바로 이 때문이다. 돈을 원하는 자에게 아무리 공명심을 얘기한들 먹혀들리 없는 것이다. 명예를 원하는 자에게 인정에 호소하는 것은 어리석은 것이다. 역사와 실생활에서 이런 예는 수두룩하다 못해 넘친다. 이 대목에서 셰익스피어의 작품 《줄리어스 시저》는 많은 것을 알려준다.

시저가 살해된 다음 시민들이 광장에 모인다. 브루투스를 비롯한 살해자와 시저의 옹호자인 안토니우스가 연설을 한다. 브루투스의 감동적인 연설에 설득당한 시민들이 브루투스를 시저로 모시자는 열광된 분위기 속에서 안토니우스가 등장한다. 어느 모로 보나 불리한 상황이다. 그러나 그는 여러 가지 수사법을 동원, 브루투스를 궁지로 몰아넣는다. 마지막으로 그는 브루투스의 등에 칼을 꽂는다. 브루투스가 시저의 몸에 칼을 쑤셔넣은 것처럼. 물론 현란한 수사법으로 말이다. "이것이 유언장이오. 시저의 도장이 찍혀 있소. 모든 로마 시민들에게 각각 75마르크씩 기증한다는 거요."

시민들이 열광한다. 시저의 죽음을 복수하자는 소리도 들린다. 안토니우스는 한마디 더 덧붙인다. "게다가 시저는 여러분들에게 그의 장원의 모든 것과 별장과 새로 가꿔 논 정원과 타이버 강의 이쪽 기슭을 기증하셨소. 그리고 여러분의 후손들에게 영원히 그들 마음대로 거닐고 쉴 수 있는 공원을 주시었소. 시저는 그런 분이오. 그런 분이 다시 세상에 나타날 수 있겠소?"

안토니우스의 말에 시민들은 격분한다. 반역자의 집을 태우고 유해를 운구하자고 함성을 지른다. 순식간에 시민들의 존경심이 브루투스에서 시저로 방향을 바꾼 것이다. 이유는 간단하다. 시민들은 대의명분보다는 물질을 더 원했다. 시민들이 진정 원하는 것을 알아차린 안토니우스의 예민한 감각 때문에 이런 역전이 가능한 것이다. 이런 점에서 그는 설득의 달인이다.

역사도 한번 들여다보자. 기원전 433년 펠로폰네소스 전쟁 직전 코르키라 섬과 그리스의 도시국가 코린트 사이에 전운이 감돌았다. 서로 아테네를 자기편으로 끌어들이기 위해 사절을 보냈다. 코르키라의 사절은 서로에게 이익이 될 것이라고 아테네를 설득했다. 둘이 합치면 경쟁국인 스파르타를 위협할 것이라고 말했다.

반면 코린트의 사절은 만일 아테네가 현재의 친구를 저버리고 과거의 적과 손을 잡으면 남들이 어떻게 보겠느냐고 말했다. 결국 아테네는 코르키라와 동맹을 맺었다. 아테네가 원한 것은 과거의 친구와 명예가 아니라 현재의 이익인 것이다. 아테네의 속마음을 간파한 코르키라가 설득에 성공한 것이다.

설득에서 신뢰가 제1요소라면 상대방에 대한 진정한 이해가 제2요소이다. 이 두 요소가 결합되면 설득의 강력한 배경이 된다. 물론 주어진 상황에서 논리(로고스)와 감성(파토스) 그리고 인격(에토스)이 바탕이 된 적절한 문답을 통한 설득은 훌륭한 설득 도구일 수 있다. 셰익스피어의 작품에서 보듯 다양한 수사법도 훌륭한 설득의 도구이다. 다시 《줄리어스 시저》를 보자. 브루투스의 말이다. "브루투스는 왜 시저에게 역모를 했느냐고. 내 답변은 이렇소이다. 내가 시저를 덜 사랑했기 때문이 아니라 로마를 더 사랑했기 때문입니다." "여러분은 시저가 죽고 만인이 자유롭게 사는 것보다 시저가 살고 만인이 노예의 죽음을 당하는 것을 원하시오."

수사학의 진수인 설의법·문답법·대구법 등을 자유롭게 구사하는 브루투스에게 시민들은 '브루투스 만세'를 외친다. 적절한 수사학은 상대방을 설득하는 데 긴요하게 쓰인다. 하지만 여기까지다. 브루투스의 사례에서 보듯이 수사학에만 의존하는 설득은 생명력이 짧다. 설득의 근본요소인 신뢰와 상대방에 대한 이해가 토대가 되지 않은 설득은 오래가지 못한다.

잠시 멈춰서 생각해보자. 삶은 관계라고 했다. 너와 나의 최고 수준의 관계는 하나가 되는 것이다. 하나가 되는 것은 진정한 설득이 있어야 가능한 일이다. 진정한 설득은 관계 속에서 상대방과의 균형점을 찾는 것이다. 강압적인 균형점이 아니라 상대방과의 조화를 이룰 수 있는 균형점을 말하는 것이다. 상대에 대한 배려가 들어 있는 설득만이 균형점을 갖추고 있는 것이다. 균형점은 고정불변이 아니다. 상황에 따라 시시각각으로 변할 수 있다.

삶을 살아가는 동안 더 많은 균형점을, 더 큰 균형점을 만드는 사람이 위대한 설득자이다. 위대한 설득자가 많은 사회가 위대한 사회이며, 모두가 함께하는 행복한 사회다.

★ 설득은 신뢰와 이해를 바탕으로 이루어진다.
★ 진정한 설득은 관계 속에서 조화의 균형점을 찾는 것이다.

> ❝
> ## 두려움 속으로
> ## 뛰어들라
>
> 알베르 카뮈 | 《시지프의 신화》
>
> ❞

Q 관리자의 고민
순응과 모방에서
벗어나는 길이 있습니까?

A 리더의 해답
모든 권위와 계산과 습관을
부정하고 두려움에 맞서십시오.

　　언젠가부터 한평생 같은 삶을 사는 것이 당연시되지 않는 세상이 되었다. 이른바 인생 2막을 준비하는 사람이 많아졌다는 얘기다. 하지만 자신의 삶을 바꿀 수 있다는 생각을 하지 못하는 사람도 있다. 특히나 지금 자신의 삶에 큰 불만이 없는 사람의 경우에는 인생 2막을 생각하지 않을 수 있다.

허나 필자는 그 이유가 무엇이든 인생 2막을 살고 싶다. 그렇다면 어떻게 살고픈 것인가. 두려움 없이 살고 싶다. 두려움에 둘러싸인 1막을 마감하고, 두려움을 걷어찬 2막을 시작하고 싶은 것이다.

두려움은 삶의 장애물이다. 무엇보다 삶을 움츠리게 한다. 두려움에 사로잡히면 감각이 둔해지고 주변에서 어떤 일이 벌어지는지 제대로 보지 못한다. 세상을 올바르게 바라보는 현실 인식력과 삶 전체를 읽어내는 통찰력에 방해가 된다.

두려움에 몸과 마음이 반응하면 에너지가 고갈된다. 다시 말해 자동차 배터리가 방전되듯이 몸에서 에너지 방전이 끊임없이 일어나는 것이다. 따라서 두려움에 젖어 있는 사람은 자신도 알게 모르게 만성피로증후군을 앓게 된다. 피로는 집중력을 약화시키고, 이는 잠재력 발휘에 부정적인 영향을 미친다. 두려움에 사로잡힌 사람이 잠재력을 발휘하는 경우는 거의 보지 못했다. 당연한 말이지만, 두려움에 주눅이 들다시피 한 상태로는 자신의 역량을 발휘할 수 없을 것이다. 지성은 마비되고 창의성은 엉망진창이 되어버린다.

두려움은 사람들의 행동을 지배한다. 그것은 순응과 모방, 복종 그리고 무수한 반복의 형태로 나타난다. 두렵기에 순응하고, 두렵기에 모방하고, 두렵기에 복종하는 것이다. 반복 역시 마찬가지다.

두려움에 둘러싸인 사람들은 남을 항상 모방하려는 경향이 있다. 비즈니스 세계에서는 특히 앞서가는 기업을 모방하는 일이 비일비재하다. 사업의 방식도 마케팅 방식도 그대로 베껴 쓴다. 그들만의 특성을 살린 상품을 내놓지 못하고 남이 하는 대로 따라 하는 것이다. '2등 전략'이라는 미명 아래 두려움을 포장하는 것이다. 이러한 모방은 창의성을 침해한다. 일상생활 역시 마찬가지다. 관습에 집착하고 권위자의 말을 맹목적으로 받아들인다.

그러고 보면 필자의 삶 역시 이러한 순응과 모방의 연속이었다. 남을 좇아가는 삶이었다. 혹시나 뒤처질까 봐 자신의 길을 제대로 걷지 못했다. 남들이 닦아온 길을 걸어왔을 뿐이다. 수십억 명 또는 수백억 명의 사람들이 걸어온 길을 다만 따라갔을 뿐이다. 아무런 의식도 없이 반성도 없이 그게 옳다고 믿고 그저 따라온 것이다. 안전이란 미명 아래. 그러나 그것은 삶이 아니다. 순응이나 모방·복종·반복의 삶은 활기찬 에너지가 없다. 에너지가 사라진 자들은 죽은 자들이다. 산자들은 에너지가 넘친다. 에너지가 사라진 자들은 살아 있되 거의 죽은 자들이다.

그렇다면 두려움이 없는 삶은 어떤 삶인가? 한마디로 말하자면 머리로 사는 삶이 아니고 가슴을 열어젖힌 삶이다. 가슴을 열어젖힌 삶은 이성이라는 장막을 거둬들인다는 것이다.

그렇다면 위험하지 않을까? 당연히 위험하다. 안전, 확실, 영원과는 반대되는 말이다. 인간은 이성과 계산, 돈과 권력의 소유 등을 통해 안전한 삶, 확실한 삶, 영원한 삶을 추구해왔다. 그렇지 않으면 마치 자신의 삶이 절단 나는 것처럼 말이다. 허나 삶은 안전하지도 확실하지도 영원하지도 않다. 그런 것들은 환상이다. 환상 속에서 두려움은 잉태된다. 두려움은 삶의 환상인 안전을 추구하는 자, 확실을 추구하는 자, 영원을 추구하는 자들과 함께한다. 이런 환상을 깬 자는 두려움이 없다.

삶은 본질적으로 위험하다. 위태롭다 못해 당장이라도 쓰러질 것 같은 게 삶이다. 본질에 어긋나지 않으려면 삶은 위험하게 살아야 한다. 위험하게 산다는 것은 매 순간 세상이 종말인 것처럼 사는 것이다. 절대 뒤를 돌아보지도 않고 사는 것, 앞을 계산하지 않고 사는 것이다. 앞과 뒤를 잴 시간이 없다.

두려움 없는 삶, 위험한 삶은 용기와 함께한다. 용기는 가슴에서 나온다. 용기의 어원 역시 가슴에서 비롯됐다. 용기를 뜻하는 영어 courage에서 cour(cor)은 heart(가슴) 을 뜻한다. 그런 의미에서 인생 1막이 머리로 산 삶이라면 인생 2막이 가슴을 열어젖힌 삶이라고 말하는 것이다.

가슴으로 사는 것은 위험하다. 미지의 세상으로 뛰어 들어가기 때문이다. 확실로부터 불확실로, 안전으로부터 불안전으로, 영원으로부터 지금 이 순간으로, 과거로부터 미래로 순간 이동하는 것이다. 순간 이동하는 방법에는 두 가지가 있다.

하나는 부정하는 것이다. 무엇을 부정하는가? 단순한 습관과 내면에 자리한 모든 권위를 부정하는 것이다. 이러한 부정이 가능하다면 어떠한 일이 벌어지는가? 두려움이 사라지는 놀라운 경험을 할 것이다. 두려움은 습관과 권위로 포장되어왔다. 두려움으로 포장된 습관과 권위는 우리로 하여금 순응과 모방·복종·반복을 강요해왔다. 그것은 우리 자신의 삶이 아니다. 순응하고 모방하고 복종하는 삶에서는 우리의 가치를 발견할 수 없다. 삶의 깊은 희열을 느낄 수도 없다. 삶의 진정성도 느껴지지 않는다.

또 다른 하나는 두려움에 직접 뛰어드는 것이다. 그 실체를 알기 위해서다. 이는 각성의 길이기도 하다. 확실과 안전·영원을 추구하는 인간의 생각에서 두려움이 비롯됐다는 것을 아는 자는 각성이라는 여정을 걷는다. 긴 시간과 집중된 노고 등을 필요로 하는 긴 여정이다. 이 여행에는 험난한 코스도 있다. 허나 반드시 돌파해야 한다. 그 외의 길은 없다. 끊임없이 진지하게 묻고 찾는 자들, 문제와 사실을 자각하는 자들에게 두려움은 없다.

두려움에 빠지지 않으려면 두려움에서 벗어나려 애쓰지 말고 계속 의식적으로 자각해야 한다. 두려움 속으로 뛰어들려는 사람에게는 두려움 대신 반항·자유·열정이 나타난다.

일찍이 알베르 카뮈는 이러한 가치들에 대해 강조했다. 그의 소설 《시지프의 신화》에서 우리가 찾을 수 있는 것은 반항과 자유, 열정이다. 산꼭대기로 밀어 올린 바위가 굴러 떨어지더라도 다시 밀어 올리는 노력이 수없이 교차하는 과정 속에서도 결코 실망하거나 절망하지 않는 시지프가 우리에게 시사하는 바는, 도피는 바로 최악의 선택이라는 것이다. 운명을 도피하지 말고 현실 그대로 인식하고 그대로 받아들이라는 정언명령이다.

두려움은 문제와 사실에 있는 것이 아니라 생각의 산물이다. 문제와 사실을 집요하게 의식하는 이들에게 두려움은 한낱 환상이다. 지금 이 자리에서 두려움과 마주설 때 두려움은 실체가 아니라는 것을 알게 된다. 두려움으로부터 도피하려 할 때 두려움은 그림자처럼 우리를 찾아온다. 그렇다. 허상을 따라다니는 그림자일 따름이다. 그 허상을 벗기는 순간 두려움이라는 그림자는 사라질 수밖에 없다. 조그마한 촛불에도 칠흑 같은 어둠이 순식간에 사라지듯이.

허나 허상을 인지하는 것은 쉽지 않다. 허상을 인지한다는 것은 똑바로 세상을 바라보는 것이다. 똑바로 세상을 바라보려면 자기중심성에서 벗어나야 한다. 선입견과 편견에 사로잡히지 않고 전체적인 시각에서 사태와 사물을 바라봐야 한다. 그러기 위해서는 고도의 지적이면서도 감각적인 능력이 있어야 한다.

두렵다고 힘들다고 두려움으로부터 도피하는 것은 우둔한 일이다. 두려움이 숨 쉬고 있는 곳으로 곧장 쳐들어가야 한다. 바로 상실·실패·실망·절망 속으로 행진해 들어가야 한다. 그래서 상실 속에 숨어 있는 두려움, 실망 속에 똬리를 뜨고 있는 두려움, 실패 속에 자리 잡은 두려움, 절망 속에 비웃고 있는 두려움을 움켜쥐고 내동댕이쳐 버려야 한다.

인생은 연극이라 했다. 한 편의 연극, 그 이상도 이하도 아니다. 주어진 배역을 위해 충만한 에너지를 뿜어내는 것만이 우리의 의무이자 책임이고 권리다. 두려움에 떨면서 연기를 할 필요는 없다. 삶도 마찬가지다. 살아가는 동안 두려움에 떨면서 전전긍긍할 필요는 전혀 없다.

결론으로 돌아가자. 인생 2막은 모든 권위를 부정하는 자, 모든 계산을 부정하는 자, 모든 습관을 부정하는 자만이 가능한 삶이다. 끊임없는 각성의 시도로 문제와 사실의 본질에 치열하게 다가가는 사람만이 가능한 삶이다. 한마디로 가슴을 열어젖힌 사람이 되어야 하는 일이다. 이런 삶의 자세, 즉 두려움 없이 삶에 다가가는 자세는 영화에서도 찾아볼 수 있다. 영화 〈명량〉 속 이순신(최민식 분)의 대사다. "두려움은 필시 적과 아군을 구별하지 않고 나타날 수 있다. 저들도 지난 6년 동안 줄곧 당해온 두려움이 분명 남아 있기 때문이다. 그래도 승리할 수 있다. 독버섯처럼 번진 두려움이 문제다. 만일 그 두려움을 용기로 바꿀 수만 있다면, 그 용기는 백배 천배 큰 용기로 배가 되어 나타날 것이다."

★ 두려움은 현실 인식력과 통찰력의 적이다.
★ 두려움이 없는 삶은 가슴을 열어젖힌 삶이다.
★ 인생은 연극이다. 두려움에 떨면서 연기를 할 필요는 없다.

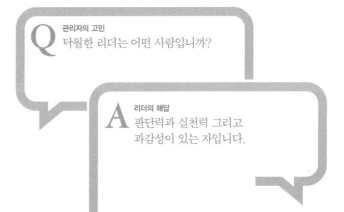

법·세·술의
미학

한비 | 《한비자》

Q 관리자의 고민
탁월한 리더는 어떤 사람입니까?

A 리더의 해답
판단력과 실천력 그리고
과감성이 있는 자입니다.

리더의 덕목은 무엇일까? 최근 많은 리더들
사이에서 눈에 띄는 인물이 있다. 바로 중국의 시진핑 주석
이다. 그는 중국의 변화에 앞장서고 있다. 시진핑 주석이
수년째 벌이고 있는 일명 '호랑이 사냥'이라고 하는 부패
와의 전쟁은 특히 주목할 만하다. 여기서 호랑이는 부패관
료를 말한다. 시진핑 주석의 호랑이 사냥은 바로 전면적인

개혁의 시작을 의미한다. 개혁은 체제의 기본 틀을 바꾸는 근본적인 탈바꿈이다.

개혁이라, 인류 역사상 성공한 개혁이 있을까? 수천 년 역사를 가진 중국에서도 전국시대 진나라 재상 상앙의 경우를 제외하고 개혁은 무척이나 성공하기 어려운 일이었다. 동서양을 막론하고 개혁을 추진했던 인물들은 하나같이 암살이나 망명으로 비참한 최후를 맞았다. 우리나라 역시 마찬가지다. 고려의 공민왕과 신돈, 조선의 조광조 등 개혁을 추진했던 인물들은 하나같이 비참한 죽음을 당했다.

개혁이 왜 어려울까? 혁명과 비교해보자. 혁명은 외부의 적을 제압하면 되지만 개혁은 외부뿐만 아니라 내부 기득권자의 저항을 물리쳐야 하기 때문이다. 따라서 개혁이 성공하려면 기득권자들의 의식이 변해야 한다. 의식의 탈바꿈, 이것이 개혁의 요체다. 그러나 의식의 전환은 물리적 억압으로 이룰 수 있는 일이 아니다. 시간이 지나면 다시 옛날로 돌아가는 것이 인간의 속성이기 때문이다.

조직이나 국가의 개혁에는 절실하게 요구되는 것이 두 가지 있다. 그것은 구성원의 깨달음과 리더십이다. 구성원의 깨달음도 결국에는 리더십의 영향을 받을 수 있다는 점에서 리더십이 무엇보다 중요하다.

부패와의 전쟁을 이끌고 있는 중국 시진핑 주석의 리더십에 주목을 하는 이유도 바로 이 때문이다. 시진핑 주석을 보면 떠오르는 인물이 하나 있다.

중국 전국시대의 풍운아 한비다. 제갈량이 죽으면서 후주 유선에게 읽도록 한 책이 한비가 지은 《한비자》이다. 중국을 최초로 통일한 진시황은 한비의 글 고분편과 오두편을 읽고 나서 절실하게 그를 만나고 싶어 했을 정도다. 고분에서 '고孤'란 개혁가를 말하고, '분憤'은 기득권 세력이 정치를 멋대로 농단하는 현실에 분개하는 개혁가의 심정을 말한다. 한비는 동문수학한 이사의 농간으로 진에서 죽음을 당했지만, 결론적으로 그의 사상은 진시황의 통치원칙으로 전국시대 통일의 바탕이 되었다.

《한비자》는 국가를 통치하는 탁월한 방법을 제시하고 있다. 이는 법法, 세勢, 술術로 요약된다. 먼저 '법'은 이기적인 인간을 다스리는 방법을 말한다. 그 핵심에는 엄격함이 있다. 법의 적용에는 빈부귀천이 따로 없다. 당연한 말이라고. 《한비자》의 식사편에 나오는 한 구절을 보자. "거울은 티 없이 맑아야 아름답고 추한 것을 있는 그대로 비출 수가 있는 것이다. 또 저울은 정확한 상태로 균형을 잘 잡고 있어야 모든 물건의 무거움과 가벼움을 판별할 수 있게 된다. 거울을 흔들면 투명하게 비출 수 없고 저울을 흔들면 정확해질 수 없다는 것은 법에도 그대로 적용된다."

'세', 즉 권세는 법과 명령이 지켜지도록 강제하는 힘이다. 권세가 있으면 재능이 부족하고 현명하지 못할지라도 현명한 사람들을 굴복시킬 수 있다고 보았다. 권세가 없다면 군주 역시 지극히 평범한 존재라는 것이다. 《한비자》는 이렇게 말한다. "키가 작은 한 그루의 나무라도 높은 산 위에 세워두면 천 길이나 되는 계곡을 아래로 내려다보고 있는 듯이 보이는 것은 그 나무가 커서 그런 것이 아니라 서 있는 위치가 높기 때문이다."

다음으로 '술'은 신하를 다스리는 제신술과 백성을 다스리는 제민술을 통칭하는 말이다. 중점을 둔 것은 제신술이다. 제신술은 군주가 신하를 통제하는 기술이자 군주가 독점해야 하는 수단이다.

그래서 《한비자》에서는 군주가 신하들에게 속마음을 내

보여서는 안 되는 무위술無爲術과 일의 과정과 성과가 미리 한 말과 일치하는지를 따져보는 형명술刑名術을 강조했다. '낮은 수준의 군주는 자신의 능력을 다 발휘하고 중간 수준의 군주는 다른 사람의 힘을 다하게 만들고 최고 수준의 군주는 다른 사람의 지혜를 다하게 만든다'는 말의 진원지가 바로 술이다.

《한비자》와 중국의 통일, 그리고 오늘의 중국은 밀접한 관계가 있다. 《한비자》가 법가사상을 집대성한 책이고, 이것이 중국 최초의 통일제국인 진나라의 이념적 토대가 되었으며, 오늘날 중국이 차이나CHINA라고 불리게 된 기원이 바로 이 통일제국인 진秦·CHIN이다. 오늘날의 중국을 이끌고 있는 시진핑 주석 역시 《한비자》의 법·세·술을 적절하게 활용하면서 부패와의 전쟁, 즉 개혁을 실현시키려 하고 있다고 볼 수 있다.

우문愚問을 던져보자. 개혁은 왜 하는가? 정치·경제·문화 등 삶의 다각적인 면에서 지금 이대로 살기에는 위태롭기 때문일 것이다. 위태롭기에 기본 틀을 확 바꿔버리려는 것이다. 기본 틀을 바꾸면 세상을 변화시킬 수 있다. 허나 세상을 변화시키는 것은 정말 어려운 일이다.

시진핑 주석은 현 중국을 위기 상황으로 규정하고 개혁을 과감하게 벌이고 있다. 강력한 힘이 없으면 불가능한 일이다. 이는 리더십으로 귀결된다. 탁월한 리더십만이 조직, 국가, 사회 그리고 그 구성원들을 변화시킬 수 있다.

세상은 리더를 원하고, 탁월한 리더는 세상을 변화시킨다. 리더십을 한마디로 요약하자면 '변화시키는 힘'이다. 변화는 탁월한 리더십을 바탕으로 행동하고 평가하고 수정하고 재평가하고 다시 이를 반복하는 작업 속에서 이루어지는 것이다.

리더에게는 두 가지 사명이 있다. 하나는 방향제시이며 다른 하나는 문제해결이다. 방향을 제시하지 못하고 문제를 해결하지 못하면 리더로서의 수명은 끝이 난다.

그렇다면 어떤 사람이 리더가 될 수 있는가? 한마디로 신명神明이 있는 사람이어야 한다. 남이 알지 못하는 것을 아는 것은 신神이며, 남이 보지 못하는 것을 보는 것은 명明이다. 다시 말하면 남이 보는 것만을 보고, 남이 듣는 것만을 듣고, 남이 아는 것만을 아는 자는 리더가 될 수 없다.

누구나 읽는 대세에 휩쓸리는 자는 리더로서의 자격이 없다. 대세는 신명과 관계가 없다. 대세는 보이지 않는 것을 볼 수 없다. 대세를 따르는 리더는 리더가 아니라 관리자일 뿐이다.

그렇다면 리더와 관리자는 어떻게 다른가? 한 가지 기준은 상황을 보는 눈이다. 리더는 미래의 발전과 이익을 보지만 관리자는 당장의 손실에 연연해한다.

또 다른 기준은 목적의식이다. 리더는 목적의식이 분명하다. 목적의식은 실패를 감당할 수 있게 해준다. 리더는 실패를 직접 대면하기를 두려워하지 않기에 그때마다 수정된 행동으로 실패를 성공의 토대로 만들 수 있다. 반면 관리자는 우발 상황과 실패를 대면하기를 두려워한다. 자신의 안전에 위협이 된다고 생각하기 때문이다.

리더에게는 세 가지 자질이 요구된다. 독자적이고 명민한 판단력과 실천력 그리고 과감성이다. 이 세 가지 자질은 얽히고설켜서 그 사람만의 독특한 리더십을 형성하고 사명을 완수하는 것이다.

다수의 사람들은 아는 것이 많아도 독자적인 판단을 내리지 못한다. 대세라는 미명 아래 이미 흘러간 시장의 유행을 따르거나 권위자에 의존하는 상태를 벗어나지 못한다. 아니면 수많은 가능성을 미리 예견하느라 시간을 끌기도 한다. 리더에게는 과감한 결단이 요구된다. 조직의 뛰어난 성과는 리더가 어떤 종류의 분명한 결정을 한 뒤에 오는 법이다. 위기 상황 속에서 리더가 결단을 내리지 못하고 우물쭈물하게 되면 이내 조직은 흔들리고 만다.

영민한 판단은 조직이나 국가의 생사를 가른다. 1928년 미국의 후버 대통령은 유례 없는 경기 호황에 취해 불경기를 일시적인 것으로 보고 낙관했지만 이듬해 대공황이 터졌다. 후버의 현실 인식은 형편없었던 것이다. 반면 1932년 루즈벨트 대통령은 대공황을 직시하고 지금은 '전쟁 상황'이라면서 강력한 뉴딜정책을 펼쳤다.

1930년대 영국의 체임벌린 수상 역시 리더의 영민한 판단이 얼마나 중요한지 보여준다. 체임벌린은 히틀러를 만난 뒤 '우리 시대의 평화'라는 구호를 들고 영국에 돌아왔다. 히틀러가 침공할 리 없다는 판단을 한 것이다. 물론 히틀러는 그의 우둔함을 조롱했고, 제2차 세계대전이 발발했다. 현실검증력이 바탕이 된 독자적 판단력이 이처럼 중요한 것이다.

실천력 역시 리더의 주요한 자질이다. 리더십은 실천적 개념인 것이다. 이는 과감성과도 직결된다. 투우에는 MOT (Moment Of Truth, 결정적 순간)라는 말이 있다. 투우사가 소의 급소를 찌르는 순간을 표현한 말이다. 피하려 해도 피할 수 없는 순간에 어떻게 해야 할까? 과감하게 돌진해야 할 것이다. 리더가 결정적 순간에 물러서는 어리석음을 범해서는 안 된다. 조직의 패망과 직결되기 때문이다. 과감성에 대해서는 역사의 승자들이 수없이 언급했지만, 그 중요성에 대해서는 다수의 사람들이 실천은커녕 인지도 못하고 있다. 일찍이 처칠은 "용기는 미덕 중의 미덕"이라고 말한 바 있다.

시대가 리더를 만든다는 말이 있다. 맞는 말이다. 위기 상황에서 리더가 탄생하는 법이다. 제2차 세계대전이 있었기에 영국의 처칠, 프랑스의 드골이라는 걸출한 리더가 나올 수 있었다. 임진왜란이 있었기에 이순신 장군이 등장할 수 있었다.

그렇다고 위기의 순간에 불쑥 탁월한 리더가 등장하는 것이 아니다. 이 리더들은 단련된 자들이다. 이들에게 역경은 기회였다. 리더는 결코 운을 탓하지 않는다. 길을 떠나려 하면 비가 내릴 것이고 불이 나면 바람이 불 것이다. 또한 리더는 모든 조건이 다 갖추어졌을 때 탄생하기보다는 무언가 부족한 상황에서 탄생하는 것이다. 다른 사람들이 안 되는 이유를 계산할 때 성공 조건을 하나씩 하나씩 만들어나가는 사람이다.

역경은 승자와 패자를 구분 짓는다. 역사를 보면 알 수 있다. 중국 춘추시절 진나라 문공 중이의 이야기다. 중이는 제왕의 자리에 오르기 전 19년 동안이나 망명길에 있었다. 암살 위험 때문이다. 그가 망명길에서 겪은 수모는 이루 말할 수 없다. 위나라와 제나라 국경 지방을 지날 때 중이 일행이 먹을 것을 구하자, 그 지방의 농부는 그릇에 밥 대신 흙덩이를 담아주었다. 중이는 화를 내는 대신 '흙은 생명을 길러내는 신성한 것이라면서' 밥그릇에 절을 했다. 만일 망명길에 오른 중이가 위험한 처지에 있으면서 닥칠 때마다 분노를 터뜨렸다면 중이 일행은 역사에 아무런 이야기도 남기지 못했을 것이다.

리더로 성장하기 위해 무엇보다 먼저 배워야 할 점은 자신의 감정을 통제하는 능력이다. 리더는 사랑도 넘어서야 하고 미움도 넘어서야 한다. 그래야만 감정에 치우친 판단을 넘어설 수 있다.

그런가 하면 리더에도 등급이 있다. 작은 일만 수행할 수 있는 사람이 있고, 큰일을 수행할 수 있는 사람 그리고 보다 위대한 일을 수행할 수 있는 사람이 있다. 이는 추종자들을 어떻게 리드하는지에 달려 있다. 탁월한 리더가 되려면 인재를 두루 살펴야 한다. 이에 대해 《한비자》는 이렇게 말한다.

"사람을 평가할 때는 그가 현명한 사람인가 불초한 사람인가 살필 뿐이고 사랑하고 미워함을 염두에 두지 말아야 한다. 그가 어리석은 사람인지 슬기로운 사람인지 실증을 가지고 살필 뿐이고 남의 비방이나 칭찬에 끌리지 말아야 한다."

자신에게 충성을 다할 것 같은 사람을 등용하는 인사는 시장잡배라도 할 수 있는 인사이다. 리더는 친분이나 충성을 기대하지 말고 오로지 그 인재가 재목감인지 아닌가를 판단해야 한다고 《한비자》는 강조한다.

다시 시진핑이다. 이런 생각이 든다. 중국이 시진핑을 선

84

택한 것인가, 시진핑이 중국을 선택한 것인가? 지금 그는
이 모든 리더의 덕목을 갖추었는가?

★ 개혁에 성공하려면 리더의 역량이 무엇보다 중요하다.
★ 리더에게는 방향제시와 문제해결이라는 두 가지 사명이 있다.

"

리더십의 핵심은

인재 관리다 마쓰시타 고노스케 | 《사업은 사람이 전부다》

"

> **Q** 관리자의 고민
> 리더로서 직원들을
> 잘 관리하고 싶습니다.

> **A** 리더의 해답
> 엄격함과 관대함.
> 그 사이의 중도를 찾으려 애쓰십시오.

역사를 보면 난류의 속성과 가치를 인간 삶에서 구현하는 인물들이 눈에 띈다. 난류란 무엇인가? 유체가 불규칙하게 움직이면서 서로 섞이는 게 난류이다. 바람이 없는 곳에서 담배 연기가 처음에는 곧게 올라가다가 갑자기 흩어지는 것이나 조용한 바다에서 소용돌이 현상이 나타나는 것 등이 대표적인 예다.

이런 예측 불가능성이야말로 난류의 최대 특징이며 그 가치다. 난류의 예측 불가능성에는 혼란과 파괴, 확산, 혼합 등 다양한 속성이 숨어 있다. 이런 속성은 이용 여부에 따라 긍정적으로 작용할 수 있는 묘한 성질을 갖고 있다.

이를테면 난류는 대기 중에서 수증기와 이산화탄소가 더 널리 골고루 퍼지게 하고, 바다에서는 영양분을 다양한 지역으로 퍼트린다. 난류가 없다면, 난류의 다양한 속성이 없었다면 지구 생태계는 이미 훨씬 전에 활기를 잃어버렸을 것이다.

역사로 돌아가보자. 중국 역사에서 3대 태평성대 중 하나인 청나라 강옹건성세를 이끈 건륭제의 삶을 주시하지 않을 수 없다. 특히 건륭제는 중국 역사상 가장 오랫동안 통치를 한 황제로 기록되어 있다. 조부 강희제의 재위 기간(61년)을 넘는 것을 꺼려 재위 60년에 퇴위하고 태상황제가 되었는데, 이 태상황제 기간 3년을 합치면 무려 63년 동안 중국을 통치한 이력을 지닌 황제다.

여기서 중요한 것은 건륭제의 통치 기간 동안 청나라가 빈틈없이 돌아갔다는 것이다. 건륭제의 시대를 색으로 표현하자면 흑과 백이 엄연히 공존했다고 할 수 있다. 흑과

백을 적극적으로 활용, 묘수를 부렸다는 의미에서 흑백지묘黑白之妙, 흑백지정黑白之政이라고 부를 수 있는 것이다.

흑백지묘의 묘수는 아무 소리도 내지 않으면서 천둥소리보다 놀라게 하는 것이다. 흑백의 조화가 창조해낸 용어는 관엄호제寬嚴互濟이다. 관대함과 엄격함이 서로 힘을 합쳐 돕는다는 의미로, 건륭제 스스로 자신의 시대를 일컫는 말이다.

건륭제는 집권 초기에는 관대함을 보이다가 이내 엄격함으로 돌아섰는데, 이렇게 엄격하다가도 관대함을 드러내기도 했다. 이는 결코 쉬운 일이 아니다. 자기 안에 숨어 있는 열정과 자제력이 팽팽하게 균형을 이루지 않으면 실천하기 어려운 경지다. 허나 건륭제는 이를 자유자재로 운용했다. 그 바탕에는 중용이 있었다.

건륭제는 어린 시절 《예기》를 숙독하고 조부 강희제로부터 통치술을 전수받으면서 중용이야말로 최고의 미덕임을 깊이 깨달았다. 건륭제는 신하들의 나태함을 꾸짖으면서 사무를 총괄하는 왕공 대신들에게 다음과 같이 말했다. "천하의 이치는 오로지 중中 하나에 있다. 중이라 함은 정도에서 벗어나지 않고 관엄이 상제하는 도리를 말한다. 신하가 군주를 섬기는데 영합하려는 의도가 있으면 그것은 곧 사심이다. 그런데 이처럼 군주를 섬기면서 중을 잃는 자들을 이루 다 헤아릴 수 없다."

중이란 사물의 균형을 유지하는 힘이다. 균형은 지나치지도 모자라지도 않는 적당함이다. 그 적당함이란 단어에는 칼 끝에 서는 예리한 감각이 필요하고 강력한 자제력이 절실히 요구되는 까닭에 많은 사람들이 이를 잡으려다 스스로 무너져버린다. 난공불락의 성이 바로 중인 것이다.

건륭제 통치술의 핵심은 이런 중용을 바탕으로 느슨하다가도 팽팽하게 활시위처럼 조이는 것인데, 이는 인재 관리술에도 적용된다. 그의 인재 관리술, 즉 중을 바탕으로 한 흑백의 조화를 최대한 발휘하려면 몇 가지 전술이 필요했다. 그것을 한마디로 정리하자면 '뒤집어 흔들기'다. 고요한 바다에 소용돌이를 일으키는 격이다.

첫 번째는 크게 나무라기 전술이다. 작은 실수도 크게 꾸짖었다. 이러한 방법을 써서 대신들로 하여금 앞날을 예측하거나 천자의 마음을 짐작할 수 없도록 만들어 일을 신중하게 하지 않을 수 없도록 했다. 예컨대 건륭제는 삼조三朝에 걸쳐 재임한 원로로 상당한 권력과 기반을 갖고 있었던

진세관이 산동에서 사리를 꾀해 부동산을 구입했다는 것이 조사 후 확인되면서 그를 단번에 파직시킨 일도 있었다.

두 번째는 한쪽에 편향되지 않는 친족 관리다. 평소 그는 친아우들에게 관대했지만 그들이 황권을 무시하고 정무를 어지럽히자 냉혹하게 정리해버렸다. 그중 홍석은 죽을 때까지 경산 동과원에 구금시켜버렸다. 이렇게 건륭제의 인재 관리술이 황족에게도 어김없이 적용되는 것을 보고 문무백관들은 자신의 처신을 돌아보지 않을 수 없었을 것이다.

세 번째는 '사랑하는 자에게 죄가 있으면 반드시 벌해야 한다'는 원칙이다. 이와 비슷한 구절이 《예기》 대학 편에 나온다. '사랑하는 자는 반드시 그 악을 알고, 미워하는 자는 반드시 그 선을 알아야 한다'는 것이다. 건륭제는 사랑하는 자가 죄를 지으면 반드시 벌을 내리고 미워하는 자가 공을 세우면 반드시 상을 주었다. 읍참마속泣斬馬謖의 심정으로 강소 부패관리 비호사건, 절강 부정사건, 감숙의 빈민구제금 횡령사건 등에 중점적으로 조사하여 처리토록 했다.

네 번째는 인재 추천을 적극 장려하고, 좋은 인재를 추천하는 사람을 높이 평가했다. 인재 추천을 장려하되 관리들에게 서로를 관찰하면서 천거하거나 혹은 탄핵하도록 하는 책임을 지웠다. 이는 공자의 문답을 상기하게 하는 대목이다. 관중과 자산을 높게 평가하지 않는 이유에 대해 공자는 이렇게 말했다. "어진 이를 추천하는 것을 어진 일이란한다. 나는 포숙이 관중을 추천했고 자피가 자산을 추천했다는 소리는 들은 적이 있지만, 관중이나 자산이 누구를 추천했다는 말은 들은 적이 없다."

건륭제는 만약 대신이 인재를 추천할 때 거짓으로 꾸며 추천을 빌미로 인심을 얻으려 하거나 인정에 따라 적당히 얼버무려 추천하는 일이 생긴 경우에는 그러한 사실이 발견되는 대로 반드시 벌하여 바로잡았다. 이를테면 진굉모는 자신의 직속 관리였던 왕교림을 천거했으나 건륭제에게 크게 꾸지람을 들어야만 했다. 건륭제가 직접 왕교림의 인사기록을 가져다 일일이 대조해본 결과, 두 번에 걸쳐 면직된 사례를 발견한 것이다. 건륭제는 참지 못하고 붓을 들었다. "자상함을 품고 있다는 사람이 잘못을 저질러 죄명을 얻고 또 직권을 남용해서 부당한 형벌까지 내렸다니 도대체 이런 자가 천하에 어디 있는가. 이는 진굉모에게 물어야 할 것이니, 이에 답하라."

그런가 하면, 인재 관리술에 있어 눈여겨볼 사람이 또 한

91

명 있다. 일본에서 가장 위대한 경영자 중 한 명으로 꼽히는 마쓰시타 고노스케다. 그는 말단 부하라도 존중하고 그에게 배우는 등, 사람을 중시한 것으로 유명하다. 그의 책 《사업은 사람이 전부다》를 보면 이런 말이 나온다. "만일 고객들이 '마쓰시타 전기'가 무엇을 만드는 회사냐고 물으면, 제품이 아닌 사람을 만드는 곳이라고 답하게나."

그는 오랜 기간 사업을 해오면서 인재 육성과 활용법에 대해 끊임없이 고민했다고 한다. 어렵게 찾은 사람을 키워 썼고, 또 그들의 능력을 최대한 살렸다. 그는 이렇게 말한다. "사업은 사람을 중심으로 발전해가며, 그 성패는 적절한 사람을 얻고 쓰는 것과 밀접하게 연관되어 있다."

건륭제 인재 관리술의 다섯 번째는 원칙 앞에서는 한 치도 물러서지 않았다는 것이다. 당장의 급한 불을 끄기 위해, 그야말로 눈앞의 이익만 탐하기 위해 원칙을 저버리는 일을 결코 하지 않았다. 건륭제는 일찍이 그가 지은 '사웅射熊'이라는 시에서 다음과 같이 말했다. "한황漢皇이 적제赤帝와 같음을 비웃는다. 헛되이 여자를 바치는 자가 영웅이 되는구나."

자신을 적제의 아들이라 여긴 한 고조 유방의 화친정책에 대한 풍자이다. 유방이 제위에 오른 후 북방 흉노들의 야만 행위가 한조의 통치를 크게 위협했는데, 이들을 구슬리기 위해 유방이 흉노 우두머리에게 미인들을 보낸 일을 비웃은 것이다.

건륭제는 법보다는 사람을 중시했다. 그는 일찍이 "치인治人은 있으나 치법治法은 없다. 법에 맡기는 것은 사람에게 맡기는 것만 못하다"고 말했다. 임명하고 파면하고 벌을 주고 상을 내리는 치인술에서 그는 중용을 바탕으로 철저히 부드러움과 엄함을 수시로 교차시켰다. 이를 통해 사람들에게 끊임없이 경각심을 불러일으키고 나라 기강을 바로잡을 수 있었던 것이다. 파괴와 혼돈을 일으키는 난류가 생태계를 활기차게 만드는 것과 같은 맥락이다.

사실 부드러움과 엄함의 교차는 건륭제가 처음은 아니다. 중국 춘추시대 공자가 명정치가로 꼽은 정나라의 자산이 정치통치술로 사용한 것이 관맹상제寬猛相濟다. 너그러움과 엄격함의 조화, 이를 통해 자산은 봉건시대 지도자들에게 높이 평가받았다. 이에 앞서 중국 최초의 하왕조를 세운 우가 통치술로 내세운 것은 은위병제恩威並濟다. 이는 은혜와 위엄을 함께 병행하는 것으로 이족 부락이나 씨족에 대해 취한 가장 중요한 통치술이었다.

관엄호제, 관맹상제, 은위병제는 같은 의미의 다른 표현이다. 난류의 흐름처럼 예측 불가능하게 불규칙적으로 때로는 압박하고 때로는 풀어주는 절묘한 조화술이 역사가 증거하는 가장 뛰어난 통치술이라는 것은 확실한 것 같다. 허나 이를 적용하는 것은 난류의 흐름처럼 쉽지만은 않을 것이다.

★ 부드러움과 엄함이 교차하는 통치술을 익혀라.
★ 원칙 앞에서는 한 치도 물러서지 말라.
★ 법보다 사람을 중시하라.

"

사람을
버리지 마라

노자 |《도덕경》

"

> **관리자의 고민**
>
> Q 어떤 사람을 곁에 두어야 합니까?

> **리더의 해답**
>
> A 그보다 어떻게 사람을
> 버리지 않고 같이 갈지를
> 생각해보십시오.

'한 명의 천재가 수십만 명을 먹여 살린다'
는 말이 있다. 일반 직원들과 엄청난 차이가 나는 급여를 주
고서라도 천재적인 재능을 가진 한 사람을 스카우트해 오
면, 그 사람으로 인하여 만 명, 십만 명을 먹여 살릴 수 있
다는 의미다. 이른바 '천재 경영론'으로, 적절한 검증 없이
거의 정설로 굳어지는 것 같다. 허나 이 기정사실은 강요된

진실, 거짓된 진실 같아서 선뜻 받아들기에 힘들다. 더욱이 천재 경영의 이면에 있는 천재가 아닌 사람의 위치가 대충 짐작되기 때문이다.

2,500여 년 전 노자도 비슷한 고민을 했을까. 《도덕경》에는 다음과 같은 말이 나온다. '성인상선구인 고무기인聖人常善救人 故無棄人 상선구물 고무기물 시위 습명常善救物 故無棄物 是謂 襲明.' '성인은 늘 사람을 잘 구하고 버리지 않는다. 사물을 항상 잘 파악하여 구함으로써 모든 물건을 버리지 않는다. 이를 일러 밝음이라 한다'는 뜻이다.

노장학의 시조로 일컬어지는 중국 위나라의 왕필은 이 대목을 《노자주》에서 다음과 같이 해석했다. '성인은 외형적인 이름이나 율법을 세워서 사물을 구속하는 법이 없고 진보의 기준을 세워서 그 진보에 뒤처지는 사람들을 못났다고 버리는 법이 없다. 사물의 스스로 그러함을 도울 뿐이다. 그러므로 노자는 사람을 버리지 않는다고 말한 것이다.'

사마천의 《사기》에 재미있는 일화가 있다. 전국시대 중엽 진나라 왕이 제나라의 맹상군을 잡아 가두었다. 이에 맹상군은 진나라 왕의 애첩에게 자신을 풀어달라고 부탁했고, 그녀는 그 대가로 여우 겨드랑이의 흰 털로 만든 호백구를 요구했다. 허나 호백구는 이미 진나라 왕에게 바친 뒤였다. 맹상군에게는 여러 식객이 있었는데, 그 식객 중 하나가 개 흉내를 내어 진나라 왕의 보물창고에서 호백구를 훔쳐 왔다. 호백구를 첩에게 바친 뒤 간신히 풀려 나온 맹상군 일행이 관문인 함곡관에 도착했을 때는 한밤중이었다. 맹상군은 자신을 풀어준 것을 후회한 왕에 의해 쫓기는 중이었는데, 당시 성문은 새벽에 닭이 울어야 열 수 있었다. 이때 맹상군의 식객 가운데 닭 울음소리 흉내를 잘 내는 사람이 있어 그는 무사히 성문을 빠져나올 수 있었다.

닭 울음소리鷄鳴와 개 흉내狗盜로 목숨을 구한 맹상군. 계명구도鷄鳴狗盜라는 고사성어의 유래다. 흔히 천하다고 말하는 재주가 맹상군의 목숨을 구한 것이다. 이 일화에서 눈여겨볼 것은 맹상군이라는 거물이 닭 울음소리나 개 흉내라는 하찮은 재주를 가진 자들를 식객으로 받아들였다는 점이다.

맹상군은 조의 평원군, 위의 신릉군, 초의 춘신군과 함께 전국시대 4공자 중 한 명으로 추앙받는 인물이다. 사람을 함부로 버리지 않는다는 맹상군의 철학이 그를 전국 4공자 중 으뜸으로 올려놓은 것이다.

《도덕경》을 다시 살펴보자. 노자는 무기인無棄人의 이치를 노자는 밝음明이라 표현했다. 밝음은 근본을 아는 것, 영원한 진리를 깨우치는 것을 말한다. 만물이 얽히고설켜도 각각 근본으로 돌아가는 것이 정靜이고 상常이다. 상을 이해하는 것이 명明이고 이를 이해하지 못하면 재앙이 뒤따른다고 경고했다.

무기인, 다시 말해 사람을 버리지 않는다는 것의 핵심은 사람을 잘 관찰하여 각각의 재능을 이해하고, 그 재능을 드러나게 하는 것이다. 무기인으로 세상을 뒤엎은 역사적 사례는 수없이 많다. 이 중 중국 역사에서 가장 흥미진진한 드라마를 연출한 초한지의 주인공 유방의 이야기에서 우리는 무기인의 정수를 볼 수 있다. 유방을 도와 한나라 건국의 초석을 다진 진평은 떠돌이였고, 대장군 번쾌는 백정, 주발은 거리의 악사, 누경은 마부, 한신은 불량배, 팽월은 강도였다. 만일 유방이 이들의 재능을 보지 않고 출신 성분이나 직업으로 평가했다면, 그리고 그들을 버렸다면 초한지의 승자는 누가 되었을까.

또한 춘추시대 제나라 환공에게는 관중과 영척이 있었

다. 제갈공명과 더불어 중국 최고의 명재상으로 꼽히는 인물인 관중은 한때 개도둑이었다. 또 영척은 남의 수레나 몰던 별 볼일 없는 사람이었다. 허나 제환공이 이들의 재능을 발견하고 주변의 의견을 무시한 채 이들을 기용, 제나라를 춘추오패 중 으뜸의 나라로 만든 것이다.

이 시대 경영학의 아버지로 불리는 피터 드러커는 이렇게 말했다. "인재 경영의 비결은 사람의 단점을 줄이는 데 있지 않고 그 사람의 장점을 어떻게 발굴하느냐에 달려 있다."

다시 《도덕경》을 보자. 노자는 '불상현 사민부쟁不尙賢 使民不爭'이라 했다. '현명하고 능력 있는 자들을 숭상하지 말라. 그러면 사람들이 다투지 않는다'는 말이다. 똑똑한 사람이라고 평가받는 사람들을 우대하고 무조건 부러워하는 사회적 분위기에 일침을 놓는 것이다.

여기서 '부쟁'은 노자 철학의 핵심코드 중 하나로 자연의 도리에 근본을 둔 말이다. 자연은 말 그대로 스스로 드러낼 뿐 뽐내지도 다투지도 않는다. 꽃이 붉은 것은 뽐내려 해서가 아니다. '꽃은 스스로 붉다'는 말을 음미할 줄 아는 자는 부쟁의 철학을 깊이 이해하고 있는 것이다.

불상현과 연관하여 《도덕경》에는 또 이런 말이 있다. '서른 개의 바큇살이 하나의 바퀴통으로 모이고, 그 바퀴통 속의 빈 공간 때문에 수레는 쓸모가 있게 된다.' 바퀴통이 힘을 제대로 발휘하려면 서른 개의 바큇살이 강력하게 지지하고 있어야 한다. 강한 바큇살 하나가 필요한 것이 아니라 서른 개의 바큇살이 협력해서 바퀴통을 지지하는 것이 필요하다는 말이다.

이와 관련하여 피터 드러커는 다음과 같은 말을 남겼다. "오늘날 경영에서 가장 중요한 변화는 주인의식에서 협동정신으로, 개인적인 직무에서 협력적인 직무로의 변화이다." "성공적인 기업은 인재를 많이 채용하고 있는 회사가 아니라 인재들이 조화롭게 일하도록 하는 회사이다."

노자의 인재관은 무기인이 커다란 축이고 불상현이 그것을 보충하고 있다. 무기인이나 불상현의 사상은 세간에서 말하는 인재관, 다시 말해 '한 명의 천재가 수십만 명을 먹여 살린다'는 것과는 전혀 다르다. 때문에 현실적이지 못하다는 비판을 받는다. 허나 그런 비판에는 수긍할 수가 없다. 노자는 현실과 이상을 아우르는 현실주의적 이상주의자이다. 《도덕경》에 나오는 '거피취차去彼取此, 즉 저것을 버리고 이것을 취한다'나 '성인위복불위목聖人爲腹不爲目, 성인은 실질적인 것을 추구하지 눈에 보이는 환상을 추구하지는 않는다'라는 대목을 보면 노자의 현실주의와 실용주의를 강하게 읽을 수 있다.

요 몇 년 사이 '따뜻한 자본주의'라는 말이 부상하고 있다. 따뜻한 자본주의에는 '우리 함께'라는 말이 녹아 있다. 지금 우리가 노자의 철학에 귀 기울여야 하는 이유다.

★ 사람을 잘 관찰하여 각각의 재능을 이해하고, 그 재능을 드러나게 하라.
★ 뽐내는 자를 숭상하지 말고, 인재들이 조화롭게 일하도록 하라.

> ❝
> 경쟁에서 상생으로,
> 부분에서 전체로　프리초프 카프라 | 《생명의 그물》
> ❞

Q 관리자의 고민.
날이 갈수록 내 것만 지키는
사람이 되어갑니다.

A 리더의 해답
경쟁만이 능사가 아닙니다.
상생이야말로 위대한 진리입니다.

19세기 말 미국 시애틀 추장의 연설문 중 한 구절이다. "우리는 대지의 일부분이며, 대지는 우리의 일부분이다. 들꽃은 우리의 누이이고, 순록과 말과 독수리는 우리의 형제이다. 강의 물결과 초원에 핀 꽃들의 수액, 조랑말의 땀과 인간의 땀은 모두 하나다. 모두가 같은 부족, 우리의 부족이다."

총과 병균과 종교를 앞세우고 쳐들어 온 백인들에게 삶의 터전을 빼앗긴 북아메리카 원주민 부족의 추장은 자연 파괴, 생명 경시, 물질문명을 비판하는 연설을 남겼다. 그의 연설이 유명해지면서 우리나라에서도 많은 책이 나왔을 정도다. 미국 워싱턴 주 시애틀 시의 이름은 이 인디언 추장의 이름에서 유래한다.

그의 연설문을 좀 더 살펴보자. 연설문 전체 중 어느 구절을 뒤적여봐도 '너와 내가 하나로 연결돼 있다'는 명제가 가슴을 울린다. 여기서 나의 상대적 의미인 너는 인간만을 애기하는 것이 아니라, 생물 무생물까지를 넘나드는 보다 포괄적인 개념이다. 요즘처럼 인간의 이기와 탐욕으로 얼룩진 어두운 뉴스가 잇따라 들려올 때면 한 번씩 다시금 들여다보는 연설문이다. 강팔라진 마음을 잡아주는 데 적격이다. 연설문의 다른 구절도 읽어보자.

"세상의 모든 것은 하나로 연결되어 있다. 대지에게 일어나는 일은 대지의 아들들에게도 일어난다. 사람이 삶의 거미줄을 짜 나아가는 것이 아니다. 사람 역시 한 올의 거미줄에 불과하다. 따라서 그가 거미줄에 가하는 행동은 반드시 그 자신에게로 되돌아오게 마련이다."

세상을 살아가는 인디언의 방식은 분리, 차별과 경쟁을 강조하는 자본주의 시각으로 바라보면 독특하다. 세상을 분리된 사물들의 집적으로 보지 않고 근본적으로 상호연결돼 있다는 사상이 뚜렷이 보인다. 한 인디언 부족의 인사말만 봐도 알 수 있다. '미타쿠예 오야신.' 즉 '모든 것은 연결돼 있다'는 뜻이다. 우리처럼 편안하고, 안전한가를 뜻하는 '안녕하세요'가 아니다.

물리학자인 프리초프 카프라가 주창, 반향을 일으킨 '생명의 그물'이라는 개념은 물리학·수학·생물·인지과학 등 과학의 각 분야를 관통하는 기본 원리다. 특히 현대 물리학을 이끌고 있는 양자역학의 근본은 상호연결성과 상호의존성이다. 관찰된 현상이나 물질은 인간의 관찰과 측정 사이에서 벌어지는 상관관계로서만 이해될 수 있다는 것이 그 주요 내용이다.

동명의 책에서 그가 주장한 '생명의 그물'은 사상으로서만 가치가 있는 것이 아니라 현대 과학을 이끌어내는 주요 원리인 셈이다. 그렇다면 과학의 근간을 이루는 생명의 그물을 일상생활에 적용하는 것은 결코 무리가 아닐 것이다. 아니 적극적으로 권장해야 할 삶의 소중한 원리이자 덕목일 것이다.

얼마 전 서울을 떠난 적이 있다. 마치 무엇에라도 홀린 듯이 무작정 배낭을 둘러매고 길을 나섰다. 자유의지를 가진 인간 존재로서 언제라도 떠날 수 있지만 이번의 떠남은 성격이 달랐다. 자유로운 떠남이 아니라 등 떠밀려 떠난 것이다. 서울은 온갖 소음으로 가득 찬 혼돈의 도시이다. 인간의 이기와 그 이기가 부딪혀 나오는 불협화음을 견딜 수 없었다. 경쟁을 내세우면서 끊임없이 주변을 황폐화시키는 사람들의 질주에 환호를 지르는 사회는 더 이상 내가 있을 곳이 아니었다. 난 서울에 지쳤고 서울은 그런 나를 밀어냈다.

떠난 이유는 그것만이 아니었다. 실체가 없는 두려움이 엄습해 온 탓도 있다. 정체를 모르는 두려움에 이대로 나를 노출시키는 것이 싫었던 것이다.

나는 회복되기를 원했다. 지친 나를 진정시키고, 이유 없는 두려움의 정체를 알고 싶었다. 서울의 소음이 들리지 않는 침묵의 공간에서 본연의 생명 에너지를 복구하기를 희망했다. 그래서 찾은 것이 자연이었다. 인간의 탐욕이 미치지 않도록 유념하면서 사람이 없는 곳으로 걸어 들어갔다.

대부도 해솔길에서 석양을 바라보고, 제주도 애월 해변 도로에서 바람을 따라 걸었다. 한라산 중턱에서 노루를 만나고, 덕유산 자락에서 폭우를 만났다. 남해 금산 산사에서 밤을 지새우고, 여수의 밤바다에서 먼 바다 불빛을 찾아 나섰다. 어디에서나 바람은 동행이었고, 구름은 이야기 상대가 되어주었다.

나는 다시 서울로 돌아왔다. 여행이 지친 나를 달래줬는지는 확실치 않다. 다만 그때 다시 떠올린 시애틀 추장의 연설문은 위로가 되기에 충분했다. 분명한 것은 또 하나 있다. 자연과 하나가 될 때 마음이 한없이 평온했다는 것이다. 그지없이 날선 마음이 사라진 것이다. 하나의 의문이 남는다. 하늘과 구름과 산과 바다와 파도와 바람과 나무와 꽃과 하나가 될 수 있다면, 너와 내가 하나가 되지 못하리란 법도 없지 않는가?

홀로는 하나다. 둘이 아니다. 홀로인 나는 자연과 하나가 된다. 자연과 하나가 된 나는 외롭지 않다. 나무와 새, 노루와 석양, 바람과 바위, 밤과 불빛은 하나가 된다. 모든 생물과 미물이 하나가 되어 전체가 된다. 전체가 외로울 리 없다. 부분만이 외롭다.

홀로는 전체다. 부분이 아니다. 홀로alone는 모두가 하나all one라는 뜻이다. 모두가 하나라는 것은 또한 똑같아야 한다는 뜻이 아니다. 공자가 말한 화이부동和而不同의 차원이다. 조화롭게 하나가 된다는 것이다. 조화란 생명의 주파수와 하모니를 이루는 사랑의 공명이다. 조화로운 세상은 네가 살고 나도 사는 세상이다. 서로 살리는 상생相生의 사회이고 세상이다. 당연한 말이지만 내가 살고 네가 죽어야 하는 '경쟁과 독점'의 사회와 세상이 결코 아니다. 서로를 배척하는 상극相剋의 세상과는 거리가 멀다.

상생의 원리는 세상을 하나이면서 전체로 보는 시각에서 비롯된다. 전체를 구성하는 부분은 부분이면서 전체이다. 이를 테면 손가락이 아프면 손가락만 아픈 게 아니다. 온몸이 반응한다. 발가락이 상처를 입으면 발가락의 문제만이 아니다. 온몸이 아픈 것이다.

이는 현대 사상의 새로운 조류潮流인 시스템적 사고와 자연스레 연결된다. 그 어떤 것을 형성하고 있는 부분으로 환원될 수 없는 통합된 전체를 시스템이라 한다. 따라서 부분을 모아놓았다 해서 전체가 되지 않는다는 것이 시스템적 사고이다. 대신 세상의 모든 현상을 상호연관성과 상호의존성으로 파악한다. 일방적으로 의존하는 것이 아니라 서로 연결되는 상호의존이다. 의존과 상호의존은 격을 달리한다.

시스템적 사고는 기계적 사고 또는 뉴턴식 사고의 반대편에 서 있다. 기계적 사고는 분석적이고 물질적이다. 기계적 사고에서 부분은 전체를 구성하는 부속물일 뿐이다. 앞서 인용한 것을 다시 들자면 손가락이 아프면 손가락만의 문제로 보는 것이다. 온몸과는 관계가 없다는 식이다.

기계적 사고는 분석적·물질적·남성적 사고로 유연성의 상실로 귀결된다. 이는 쇠퇴하는 문명의 특징으로 역사학자 토인비는 고대 이집트 문명, 고대 그리스 문명 등을 거론한 바 있다. 반면에 주변과의 조화에 역점을 두는 시스템적 사고는 유연한 창조성을 발휘, 문명을 성장시키는 역할을 한다. 전성기 시절의 로마 그리스 문명이 그러하다.

시스템적 사고는 삶의 근본 원리임을 고대 동서양 현자들은 꿰뚫어 봤다. 고대 그리스 학자 피타고라스는 전체의 맥락 속에서 발생 원인을 파악한 최초의 사상가이다. 고대 동양의 노자는 《도덕경》에서 상생을 직접 언급했다. 유무상생 有無相生, 즉 있는 것과 없는 것은 서로 살린다는 것이 그것이다.

시스템적 사고, 특히 상생의 원리는 현대에 들어와서 다시 부각되고 있다. 최근 회자되고 있는 자본주의 4.0은 영국 마거릿 대처, 미국 로널드 레이건 시대의 시장 중심 자본주의가 자본주의의 탐욕을 낳았다는 점을 지적하고 있다. 독과점과 시장제일주의가 탐욕과 부정을 양산하고, 사회를 혼탁으로 몰고 갔다는 것이다.

자본주의 4.0의 핵심은 정부의 시장 관여로 시장 전체를 살리자는 것이다. 전체라는 관점에서 사회를 바라보는 시스템적 사고, 함께 살자는 상생의 개념이 들어간 것이다.

이제 우리는 전환기에 서 있다. 적자생존이라는 낡은 원리에 근거를 둔 기계적 사고, 경쟁적 사고는 우리를 동료 인간들로부터 소외시키고 우리 자신을 형편없는 존재로 전락시킨다. 경쟁에 뒤처질지 모른다는 두려움, 소외될지 모른다는 불안에 떨게 만든다. 우리는 과감히 이런 상황을 떨치고 나와야 한다.

기계적 사고에서 시스템적 사고로 전환해야 한다. 이는 부분에서 전체로, 대상에서 관계로 전환하는 것을 의미한다. 상대를 내 밥그릇을 빼앗는 대상으로 여기지 않고, 나와 함께 현실을 만들어가는 상호의존 대상으로 만들어가야 할 것이다. 경쟁력이 능사가 아니다. 상생, 상호의존은 경쟁력을 능가하는 위대한 진리가 될 것이다.

★ 세상의 모든 것은 하나로 연결되어 있다.
★ 기계적 사고에서 시스템적 사고로 전환해야 한다.
★ 상생의 가치를 중시하라.

> **"**
> # 같은 강물에 두 번 발을 담그는 것은 불가능하다
>
> 헤라클레이토스의 잠언
> **"**

> **관리자의 고민**
> Q 이미 포화시장인데,
> 뛰어들어도 괜찮을까요?

> **리더의 해답**
> A 포화시장이라는 고정관념을
> 버리십시오.

'같은 강물에 두 번 발을 담그는 것은 불가능하다.' 고대 그리스의 철학자 헤라클레이토스의 말이다. 이 역설적인 말에 담긴 뜻은, 영원한 것은 없다는 것이다.

사람들은 영원을 추구한다. 영원한 안식처를 갖고 싶어 하고, 영원한 사랑과 우정을 갈망한다. 영원한 건강, 영원한 젊음, 영원한 권력, 영원한 부, 영원한 직장, 영원한 사업파

트너, 영원한 그 무엇을 간절히 추구한다.

그러나 하나 명심해야 할 것이 있다. 이 세상에서 영원한 것은 없다. 영원은 단지 환상일 따름이다. 변하지 않는 것은 아무것도 없다. 외형적으로 모든 것이 똑같은 상태를 유지하는 것처럼 보일 따름이다. 모든 것은 변화하며 흐른다.

아침의 나와 저녁의 나는 분명 다르다. 똑같은 몸과 얼굴이라지만 매 순간 나의 의식은 흐르고 있다. 예컨대 오후에 내린 시원한 비로 마음이 상쾌해지고, 오랜 친구의 다정 어린 전화로 마음이 쾌활해진다. 책 속에서 찾은 한 줄기 청량한 글귀나 동료들의 웃음에 나도 모르게 미소 짓는다. 이러한 순간순간 모든 것들이 나를 새롭게 한다. 나는 끊임없이 변하며 흐른다.

헤라클레이토스는 '판타 레이panta rhei', 즉 만물은 끊임없이 유전流轉한다고 했다. 지상에 있는 모든 것은 영원불변하지 않다. 변화가 삶의 본질이다. 만물은 매 순간 변한다. 순간순간이 새롭다. 매 순간이 새롭다면 삶은 즐거움으로 충만하다. 미지의 세계가 펼쳐지는데 짜릿한 전율이 오지 않을 수 없다. 변화의 참뜻을 이해할 때 삶은 축제의 마당으로 변모한다. 삶은 고통으로 신음하는 무대도, 어지러움을 호소하는 장소도 아니다. 순간순간 세상을 관찰하는 것만으로도 삶은 즐거운 축제의 장으로 펼쳐질 것이다. 영원을 사랑하지 말고, 순간순간을 즐겨라. 순간순간을 놓치지 말라. 헤라클레이토스는 말한다.

시장에서 유일한 불변의 법칙이 있다면 바로 '변화'이다. 변화를 읽는 기업만이 시장에서 성장한다. 거대한 계획, 막강한 자금, 우수한 인재가 우량 기업을 만드는 것이 절대 아니다. 그보다 변화를 읽고 이를 기회로 활용하는 힘이 중요하다.

변화를 기회로 활용하는 것은 기업가 정신의 본질이기도 하다. 기업에서 성장은 임직원이 그동안의 틀에 박힌 사고를 버림으로써 시작된다. 그동안의 성공 패턴을 과감히 벗어던짐으로써 시작된다는 말이다.

그런 관점에서 GE의 수장이었던 잭 웰치는 눈여겨볼 만하다. 잭 웰치는 기업 경영을 상세하게 짜인 전략에 맡기는 대신 분명한 목표를 광범위하게 설정하는 것이 더 중요하다고 믿었다. 이와 같은 목표와 변화의 이색적인 혼합을 경영 전략으로 삼은 게 잭 웰치의 '계획적 기회주의'이다.

나이키·월마트·아메리칸 익스프레스·마이크로소프트·삼성전자와, 코닥·모토롤라·노키아·소니·샤프를 두 그룹으로 나누어 생각해보자. 이 둘의 차이는 무엇인가. 시장을 보는 눈이다. 후자는 자사의 사업 분야에서 포화시장을 보았고 전자는 이 세상에 포화시장은 없다고 본 것이다. 전자는 변화를 읽어내는 눈으로 사업의 틈새를 찾아냈고, 그 틈새를 특화시키면서 세계적인 기업으로 거듭났다.

영세한 자본력을 갖고 출발한 후발주자이면서도 마트시장을 석권한 월마트의 샘 월튼은 이렇게 말했다. "경쟁업체들이 그렇게 많았는데도 우리의 발목을 잡으려는 업체가 없었다는 것은 놀라울 뿐이다. 그들은 할 일이라는 것에 대한 진정한 의지가 없었다. 그들은 장기적으로 기존의 잡화점 개념을 그대로 유지하려 했다. 그들은 45퍼센트 이윤 남기기에 너무 익숙해져 있어서 벗어날 수 없었다."

샘 월튼의 사례에서 우리는 변화를 리드하는 자와 고정관념에 사로잡힌 자의 결과를 충분히 알 수 있다. 샘 월튼이 성공한 것은 고정관념에서 탈피했기 때문이다. 영원한 것은 없다는 것을 그는 잘 알고 있었다.

세상에는 영원한 포화산업도 없고 영원한 성장산업도

없다. 지금 퇴출되는 기업과 정상을 누리는 기업만이 있을 뿐이다. 고정관념에 사로잡힌 시각으로는 이 말을 이해하기가 어려울 것이다. 시선을 바꾸는 결단이 필요하다.

국내에서도 포화시장 문제가 계속 대두되고 있다. 피자, 치킨에 이어 근자에 불거지고 있는 게 커피 시장이다. 이미 몇 년 전부터 커피 시장은 포화상태라는 지적에도 불구하고, 여전히 많은 커피 브랜드가 시장에 쏟아져 나오고 있다.

이 대목에서 루 거스너의 사례를 참조할 필요가 있다. 그가 아메리칸 익스프레스 신용카드의 책임자가 되었을 때의 일이다. 그가 받은 많은 보고서는 이미 신용카드 산업이 포화상태에 이르렀다는 내용이었다. 그러자 그가 어떻게 했을까? 시장을 분할했다. 그는 당시로서는 생소하게 법인카드·골드카드·플래티넘카드로 시장을 분할, 각각의 시장을 성장시켜버린 것이다.

이와 동일 선상에서 염두해두어야 할 것이 있다. 똑같은 방법으로 계속 승리할 수 없다는 것이다. 기업 경영이나 전쟁에서는 고정된 상황이 없다. 따라서 상황에 따라 전술을 바꿔 승리하는 자만이 최고의 경지에 이르는 것이다. 병법의 대가 손자는 《손자병법》에서 이우위직 이환위리 以迂爲直 以患爲利, 즉 우회하면서 직진의 효과를 만들어야 하고 나의 환란을 이득으로 변화시켜야 한다며, 유연한 곡선 사고를 강조했다.

유연한 곡선 사고는 성공을 지속 가능케 한다. 반대로 성공이 지속되지 못하는 이유는 사람들이 성공한 후에 하나의 패턴에 묶이게 되는 경향이 있기 때문이다. 과거 성공 패턴을 모범 교과서로 떠받드는 것이다. 패턴은 앞서 말한 고정관념과 하나도 다를 게 없다. 성공 패턴에 익숙해진다는 것은 생각이 고정된다는 것이고, 이는 결국 실패로 가는 길로 접어든다는 말과 다름 아니다. 과거에 이룬 성공 패턴만을 중시하는 태도는 훨씬 더 큰 문제를 발생시키며 문제 상황을 악화시킨다는 것을 수많은 경험이 증명하고 있다.

★ 영원은 단지 환상이며 모든 것은 변화하며 흐른다.
★ 변화를 하나의 기회로 활용하는 것이 기업가 정신의 본질이다.
★ 상황에 따라 전술을 바꿔 승리하는 자만이 최고의 경지에 이른다.

> **안정과 만족을
> 버려라**
>
> 니체 | 《짜라투스트라는 이렇게 말했다》

Q 관리자의 고민
손해를 볼까 봐 겁이 납니다.

A 리더의 해답
중요한 일은 용기를 가지고
밀어붙여야 합니다.

세상에는 설명 불가능한 일이 있다. 눈이 먼 사람에게 빛을 설명하는 것이 그것이다. 세상 어떠한 어휘를 동원한다 해도 빛을 제대로 설명하기란 어렵다. 볼 수 없는 자에게 빛은 이해 불가능한 단어이자, 다른 차원의 이야기다.

세상에는 두 가지 부류의 사람들이 있다. 하나는 빛을 보는 자이고, 다른 하나는 빛을 보지 않는 자이다. 후자가 전자보다 훨씬 많다. 눈이 있어도 보지 않는 자가 많다는 말이다. 왜 보지 않는가. 두려움 때문이다. 두려움 때문에 다른 차원의 세상을 보지 않는 것이고 보지 못하는 것이다.

빛은 세상의 실상이다. 세상에는 삶의 실상을 제대로 보지 않으려는 자가 많다. 대신 삶을 왜곡해서 제멋대로 해석하고 싶어 한다. 평생 환상 속에서 헤매다 실상을 보지 못하고 사라질 존재들이다. 이들은 돈이 무엇인지, 권력이 무엇인지, 인류를 파괴시키는 전쟁이 무엇인지, 지위가 무엇인지 안다. 허나 사랑이 무엇인지, 창조가 무엇인지, 열망이 무엇인지, 희망이 무엇인지 모른다. 권위에 굴복하고, 힘센 자에게 양보하고, 손해 보지 않으려고 발버둥치고, 계산에는 무엇보다 앞선다. 그러고는 이를 현명한 처사라고 자랑한다.

그런 삶은 단지 생존하는 것이지, 결코 살아가는 것이 아니다. 살기 위해 사는 것이 최후의 인간의 삶이다. 그런 삶은 왜소하고 비루한 삶이다. 삶의 실상은 불안정하다. 안정된 것은 이 세상 어디에도 없다. 안정된 삶도 없고 그에 따른 만족도 없다. 그리고 인간이란 존재는 불만족을 기본 속성으로 가지고 있다.

   니체는 고대의 신비주의자 짜라투스트라의 입을 통해 '안정과 만족을 버리라'고 말했다. 그는 《짜라투스트라는 이렇게 말했다》에서 다음과 같이 말했다. "인간은 동물과 초인 사이에 놓인 하나의 밧줄이다. 인간은 심연 위에 걸쳐놓은 밧줄이다. 그것을 넘어서는 것은 위험하며 그 위를 걷는 것도 위험하다. 뒤를 돌아보는 것도 위험하며 벌벌 떨며 제자리에 서 있는 것 또한 위험하다."

   밧줄은 건너가라고 놓인 것이다. 밧줄 위에 집을 지으라는 것이 아니다. 그런데도 사람들은 밧줄 위에 방어벽을 세운다. 두렵기 때문이다. 두려움은 최후의 인간의 속성이다. 두려워서 건너지 못하고 그 자리에 주저앉는 것이다. 바람을 막을 방벽을 주변에 쌓고 밑에 도사린 심연을 보지 않기 위해 차단을 하고, 그러고선 안전하다고 믿는다. 한순간의 비바람, 아니 서푼도 되지 않는 바람에 흔들릴 밧줄 위에서 말이다.

   삶은 불안정하다. 곳곳에 위험투성이 장애물이 놓여 있다. 밑은 바닥을 알 수 없는 깊은 물이다. 심연으로 떨어지는 것은 일순간의 일이다. 허나 떨어질지라도 밧줄을 타고 건너야만 한다. 두려워해서는 안 된다. 용기를 갖고 건너다 보면 저 너머로 갈 수 있다는 희망을 놓치지 말아야 한다. 만족하지 말라는 말이다. 니체는 이렇게 말한다. "인간의 위대한 점은 그가 하나의 다리이지 결코 목적이 아니라는 것이다."

인간의 진정한 삶에는 목적지가 없다. 지평선을 향해 계속 가야만 한다. 삶이 끝날 때까지. 도달했다고 만족하는 순간 지평선은 저기 멀리 떨어져 있다. 진정한 인간에게 만족이란 말은 어울리지 않다. 진정한 조직, 진정한 기업, 진정한 국가에게도 만족이란 말은 어울리지 않는다.

만족이란 짜라투스트라가 말하는 최후의 인간의 수식어일 뿐이다. 최후의 인간 반대편에 진정한 인간인 초인이 있다. 짜라투스트라는 인간들에게 초인을 가르친다. 니체는 이렇게 말한다. "인간이란 초극되어야 할 무엇이다. 그대들은 인간을 초극하기 위해 무엇을 해왔는가."

인간이란 밧줄 위에 고정된 존재가 아니다. 밧줄을 잡고 저 먼 곳, 끝 간 데를 모를 곳으로 넘어서야 하는 존재다. 밧줄의 시작으로 돌아가거나, 밧줄 위에 주저앉아서는 안 된다. 그렇게 되면 인간은 원숭이로 전락하고 말 것이다. 니체는 이렇게 말한다. "원숭이는 인간에 대해 무엇인가. 웃음거리든가, 그렇지 않으면 비통한 치욕인 것이다. 마찬 가지로 인간은 초인에 대해 웃음거리이거나 비통한 치욕 이다."

두려움을 버리고 위험한 발상을 하지 않으면 밧줄을 건 널 수 없다. 익숙한 것보다는 낯선 것, 안전한 것보다는 불 안전한 것, 안정보다는 불안정을 끊임없이 추구하면서 살 지 않으면 밧줄 저 너머로 갈 수 없다. 세속적인 가치인 낯 익은 것, 안전, 안정, 만족, 평온, 편함 등을 삶의 지표로 삼 아서는 밧줄 건너편으로 넘어갈 수 없다.

인간이 위대한 이유는 자신의 존재를 뛰어넘는 초극의 길로 가기 때문이다. 인간의 위대함은 인간으로 태어났지 만 초인으로 거듭나고 초인으로 죽는 데 있다. 인간이 인 간으로 태어나고 인간으로 죽는다면, 그게 짐승과 무슨 차 이가 있다는 말인가. 짐승은 짐승으로 태어나 짐승으로 죽 는다. 인간은 인간으로 태어났지만 그저 인간으로 죽는다 면 짐승과 다를 게 없다.

초인에의 완성은 자기 한계를 알면서도 거기에 머물려

하지 않는 데 있다. 여기서 나오는 단어가 염원이다. 자기가 할 수 있는 것만 원하는 것은 염원이 아니다. 할 수 없는 것을 원하는 것이 염원이다. 할 수 있는 것은 세속적인 것이다. 세속적인 것을 욕망하지 않고, 비세속적인 것을 염원하는 태도가 초인을 잉태하는 것이다. 비세속적인 것은 인간의 영역에서 멀리 떨어져 있다. 사람에 따라서는 평생 도달하지 못할 거리에 놓여 있다. 그것을 얻는 것은 거의 불가능하다.

허나 불가능한 것을 염원하지 않으면 결코 위대한 존재가 될 수 없다. 이때 필요한 것이 용기다. 용기는 욕망의 영역이 아니라 염원의 영역이다. 할 수 있는 것만을 원하는 것은 용기가 아니다. 도달하기 힘든 것을 원하는 것은 용기가 없으면 불가능하다. 그 용기가 삶과 죽음, 승패를 가르는 분수령이라는 것은 수많은 일화가 증명하고 있다.

비즈니스 세계에서 용기가 승패를 가르는 분수령이 된 예가 뭐가 있을까. 수많은 예가 있겠지만, 후지의 사례를 살펴보자. 한때 세계 필름 시장을 삼분한 것은 코닥과 후지, 아그파이다. 코닥이 1인자였고 후지가 그를 따르고 있었다. 그런데 아그파는 2005년에, 코닥은 2012년에 파산했다. 그렇다면 후지는 어떤가? 후지는 그동안 변신을 거듭해 의료기기·전자소재·화장품 분야에서 연간매출액 3조 엔을 오르내리는 세계적인 기업으로 재탄생했다.

이 재탄생의 배경에는 '용기'가 있다. 디지털 기술의 대두로 필름 시장이 요동칠 때 후지는 과감히 '탈필름 구조조정'에 들어갔다. 이것이 제대로 먹힌 것이다. 모든 것을 던지는 용기가 없으면 어려운 일이다. 이를 실증하듯 일본 도쿄 미드타운 후지필름 본사 접견실에는 '용기'라는 글자가 벽 한 면을 장식하고 있다. 후지의 최고경영자 고모리 시게타카는 이렇게 말한다. "중요한 일은 용기를 갖고 밀어붙여야 한다는 점에서 용기를 중시한다."

용기를 가지고 위험하게 사는 것. 위험하게 사는 것은 매력적인 일이다. 그 사람을 성장케 하고, 씨앗에 머물고 말 사람을 열매 맺게 하는 매력적인 힘이 위험에 숨겨져 있기 때문이다. 그 사람의 가치는 그 사람이 위험하게 사는가를 살펴보는 것으로 충분하다. 그 사람의 진정성 여부 또한 위험에 대해 취하는 태도를 보면 알 수 있다.

앞서 눈 먼 사람에게 빛을 설명하는 것은 불가능하다고 했다. 그런데 설명 불가능한 것에 하나 더 추가해야겠다. 두려움에 떨면서 자신의 방어벽 쌓기에 연연하는 최후의 인간, 손해볼까 봐 자질구레한 일에도 따지고 들면서 일의 흐름을 놓치고 마는 최후의 인간에게 위험하게 살라고 요구하는 것 또한 불가능한 일이다. 니체를 통해 안정과 만족, 위험에 대해서 다시 생각해볼 일이다.

★ 인간의 진정한 삶에는 목적지가 없다. 기업도 마찬가지다.
★ 중요하다고 생각하는 일은 용기를 가지고 밀어붙여야 한다.
★ 위험하게 사는 일은 힘들지만, 사람을 성장케 한다.

"

악을
뿌리쳐라

에리히 프롬 | 《인간의 마음》

"

Q 관리자의 고민
때로 인간의 본성에 회의가 듭니다.
인간은 본래 악한 존재인가요?

A 리더의 해답
선과 악은 우리 자신의 의지에
달려 있습니다.

2014년, 우리 사회를 큰 충격에 빠뜨린 두 가지 사건이 있었다. 하나는 세월호 사건이고, 또 다른 하나는 윤일병 사건이다. 수백 명의 어린 학생들과 승객들이 수장당했고, 절실하게 살아보려던 젊은이가 군대에서 구타로 숨졌다. 이 두 사건을 둘러싼 참혹한 거짓과 은폐 속에서 사람들은 좀처럼 충격에서 벗어나지 못하고 있다. 이 사건들에서 주목할 것은 그 배경에 자리 잡은 악의 실체다.

악이란 무엇인가? 하나의 중요한 기준을 제시하자면 생명이다. 생명을 앗아가는 것이 악이다. 그 반대로 생명을 살리는 것은 선이다. 영어 살다live를 거꾸로 읽으면 악evil이 된다.

그 사람을 살게 해주는 것이 선이라면 그 사람을 죽게 해주는 것은 악이다. 여기서 죽음은 신체적 살해만 있는 것이 아니다. 정신적 영혼적 살해도 있다. 하지만 사람들은 신체적 살해에 대해서는 많이 공감하지만 정신적 영혼적 살해에 대해서는 다소 둔감한 편이다. 악은 생명력을 거스르는 것이다. 여기에는 신체적 죽음뿐만 아니라 삶의 의욕을 꺾어버리는 것, 타인을 통제해 지배하려는 욕망 등이 모두 포함되어 있다.

악한 사람의 특징은 세 가지 단어로 설명할 수 있다. 첫째 거짓이다. 세상을 있는 그대로 보는 것이 아니라 자신의 욕망에 비춰 바라보고, 그것을 다른 사람들에게 강요한다. 자신의 욕망에 일그러진 세상이 진실일 리가 없다. 온통 거짓이다. 이들은 다른 사람을 속이는 것을 넘어서 자신마저 속인다. 이들은 자신의 죄를 인정하지 않는다. 죄를 인정하는 것이 자신의 삶을 송두리째 부정하는 것이라 생각하기 때문이다. 따라서 이들의 거짓은 철저하고 완고하다. 경직돼 있다. 한 번 두 번 거짓의 길을 들어서면 원점으로 돌아가기가 점점 어려워진다. 원점으로 돌아간다는 것은 자신이 삶을 낭비했고 자신의 삶이 실패라는 것을 자인하는 것이라 여겨 극히 싫어하기 때문이다. 세월호 사건의 유병언도 도피생활 중 자신을 공격한 사람들을 원망했다고 한다.

두 번째 특징은 은폐 혹은 위장이다. 악한 사람들은 자신들을 위장하는 데 심혈을 기울인다. 그들은 선해지려는 생각은 전혀 없으면서도 겉으로는 선한 척한다. 그 위장이 너무도 철저해서 사람들은 깜빡 속아 넘어가기도 한다. 그들은 죄책감이 없다. 다만 세상이 자신을 높게 평가해주기를 바랄 뿐이다.

'일요일만 기독교인'이라는 말이 있다. 주중 내내 악한 짓을 저지르다가 일요일에 교회에 가서 회개하는 척하는 사람들을 일컫는다. 평범한 이들의 은폐 혹은 위장은 교묘해서 쉽게 알아차릴 수 없다.

127

은폐의 압권은 최근 일본 아베 총리의 위안부 문제에 관한 태도다. 이런저런 말이 먹히지 않으니 그는 위안부 강제 동원 사실은 없다고 사실을 은폐하기에 나섰다. 한 나라의 총리로서 의식 수준이 의심되는 것을 떠나서, 이러한 위장술 역시 악이다. 사실을 은폐하려는 시도에서 악은 모습을 드러낸다.

세 번째 특성은 책임전가이다. 악한 사람들은 자신과 관련된 문제가 불거지면 이를 외부의 탓으로 돌린다. 자기반성이 없다. 이들의 생각은 경직되어 있다. 간단히 말해 자신이 잘못했을 리 없다는 생각이 완고하다. 자신 밖의 세상 탓으로 책임의 소지를 넘기는 것은 이들에게 너무도 당연한 일이다. 소위 잘한 것은 내 탓이고 잘못된 것은 남의 탓인 셈이다.

1923년 관동대지진 사건은 책임전가의 대표적인 사례라 할 수 있다. 최대 6,000여 명의 조선인들이 학살되었다고 알려진 이 사건의 배경에는 강력한 지진과 그 피해로 민심이 동요될 것을 우려하여 조선인이 폭동을 일으키려 한다는 유언비어를 날조하여 그 증오의 대상을 교묘하게 돌린 일본 정부가 있다.

세상의 모든 악은 거짓, 은폐, 책임전가, 이 세 가지 특성에서 벗어나지 못한다. 세월호 사건과 윤일병 사건 역시 마찬가지다. 세월호 사건은 작가 황석영의 말대로 탐욕과 비리의 합작품이며, 윤일병 사건은 군 집단에서 좀처럼 혁파하지 못하는 집단 악의 한 사례다.

그렇다면 이 악의 특성들은 어디에서 비롯되는 것일까. 바로 교만이다. 먼저 신화를 살펴보자. 악의 대명사로 일컬어지는 루시퍼는 원래 천사장이다. 루시퍼는 '빛의 수호자'라는 뜻으로 인류의 영적 교사였다. 허나 점점 권능이 높아지면서 교만해진 루시퍼는 하나님에게 대적하기로 하고 쿠데타를 일으켰다. 그러나 진노한 하나님의 명을 받은 미카엘 대천사와의 싸움에서 진 루시퍼와 그의 무리들은 지옥으로 떨어지고 말았다. 지옥에서도 교만을 떨치지 못한 루시퍼는 악의 대명사가 되었다.

한번 우리 주위를 살펴보자. 교만한 자는 자아도취에 빠져 있다. 이들은 자신이 전체이며 세상은 자신을 위해 존재한다고 생각한다. 자신의 세계를 조금이라도 훼손시키는 것을 용납하지 못한다. 폭발적인 분노를 터뜨리는 것은 예사다. 자신만이 중요하며 타인은 하나의 부속물로 여긴다.

사소한 얘기를 하면서도 마치 자신이 위대한 진리를 말하는 것처럼 행동하기 일쑤다. 교만한 자들은 거짓과 은폐, 책임전가에 하등의 죄책감도 없다. 자신이 행한 거짓과 은폐, 책임전가가 다른 사람들의 삶을 얼마나 황폐하게 했는지 관심도 없다. 그들에게는 이것들이 자신의 세계를 지키는데 필요한 도구일 뿐이다.

이제 인간의 본성으로 시선을 돌려보자. 인간의 본성은 과연 악한 것인가, 선한 것인가? 성선설과 성악설은 수천 년을 두고 내려오는 해묵은 논쟁거리지만, 사회철학자이자 정신분석학자인 에리히 프롬은 '사람은 착하지도 악하지도 않다'며 《인간의 마음》에서 다음과 같이 말했다. "만일 우리가 사람은 착하다는 것을 유일한 잠재력으로 믿는다면 사실을 장밋빛으로 곡해하지 않을 수 없게 되거나 쓰라린 환멸을 맛보게 될 것이다. 만일 악하다고 믿는다면 결국은 냉소적인 사람이 되고 다른 사람과 자기 자신이 착한 일을 할 수 있는 모든 가능성에 장님이 되어버릴 것이다."

에리히 프롬의 말을 이해하기 위해 두 가지 용어를 같이 살펴보자. 하나는 '나투다'라는 불교 용어다. '나타나다', '드러나다'라는 뜻으로, 없던 것이 새로 만들어지는 것을 말하는 것이 아니라 잠재력이 물성으로 드러나는 것을 말한다. 아리스토텔레스가 말하는 '잠세태(가능태)'와 비슷한 용어로, 잠재된 가능성으로 있는 상태가 잠세태다.

또 다른 용어는 자유의지다. 자신의 행동과 의사결정을 스스로 통제할 수 있는 능력이 자유의지다. 자유의지를 갖춘 인간은 자신의 결정과 선택으로 자신의 운명을 만들어 간다.

이렇게 본다면 인간의 본성에는 선의 가능성과 악의 가능성이 있어서 상황에 따라 선이 드러나기도 하고 악이 드러나기도 하는 것이다. 또 자유의지가 있는 인간은 선을 선택할 수도 있고 악을 선택할 수도 있는 것이다.

인간의 본능은 다른 동물의 그것에 비해 힘이 상대적으로 약하다. 정해진 행동양식인 본능의 힘이 약하다는 것은 그만큼 인간의 운명이 가변적이라는 말이다. 갈림길에서 항상 정해진 것을 선택하지 않고 다른 것을 선택할 수 있다는 것은 인간의 변화 가능성을 시사하는 것이다. 다시 말하자면 인간의 본성 가운데 가장 으뜸 되는 속성은 본능으로부터의 자유이다. 본능으로부터의 자유는 다양한 운명을 받아들이는 것을 가능케 한다. 다양한 운명은 폭넓은 선택에서 오고 그 배경은 앞서 얘기한 '나투다'와 '자유의지'다.

인간은 본성을 바꿀 수 있다. 성악설이든 성선설이든, 중요한 것은 인간의 본성을 바꿀 수 있다는 것이다. 선과 악은 인간의 본성에 내재해 있다고 본다. 그것을 드러내고 선택하는 것은 인간의 자유의지다. 에리히 프롬 역시 자유의지를 강조했다. 에리히 프롬은 《인간의 마음》에서 이렇게 말했다. "자유는 필연성을 알고 행동하는 것 이상의 것이었다. 자유는 사람이 악을 버리고 선을 선택하는 위대한 기회였다. 자유는 각성과 노력을 바탕으로 현실적인 가능성을 선택하는 기회였다."

악에 물든 사람들은 악의 잠재력을 선택하고 그것을 드러낸 것이다. 자신의 성장 가능성을, 변화의 가능성을 차단하고 어둠을 선택한 사람들이다. 이들은 어둠 속에서 빛이 들어올까 봐 그래서 자신들의 정체가 세상 밖으로 드러날까 봐, 거짓과 은폐와 책임전가에 골몰하고 있는 것이다.

그런데 악을 뿌리치는 방법은 정녕 없는 것일까. 에리히 프롬은 《인간의 마음》에서 이렇게 말했다. "우리가 선을 선택하기 위해서는 각성해야 한다. 그러나 다른 삶의 고통을 보고 가슴 아파하지 못하고, 다른 삶의 친절한 시선, 새의 노래, 풀밭의 푸르름에 감동할 줄 아는 능력을 상실한다면 어떠한 각성도 우리를 도와줄 수는 없을 것이다. 만일 사람이 삶에 무관심하게 되면 이미 그가 선을 선택하리라는 희망은 없다."

악과의 싸움 역시 선택이다. 악과의 싸움을 선택할 것인지 말 것인지는 각자의 자유의지에 달려 있다. 악과의 싸움에 등을 돌리는 자 역시 악의 무리에 가까운 자들이라는 사실을 우리는 잊지 말아야 한다. 반면 세상 속의 악과의 싸움에 가담하는 것은 진정한 인간으로서 성장하는 중요한 방법이라는 것 또한 잊지 말아야 한다.

★ 악의 근본적 배경은 교만이다.
★ 성악설, 성선설은 잊어라. 인간의 본성은 바꿀 수 있다.

"

스스로 존재하는
나는 없다

마르틴 부버 | 《나와 너》

"

Q 관리자의 고민
모두가 상생할 수
있는 길이 있나요?

A 리더의 해답
진정성과 명예로움에 대해
깊이 통찰하세요.

가짜가 진짜로 둔갑하고, 진짜가 여론에 밀려 숨죽이고 있다. 진짜가 가짜에게 몰매 맞고 있는 상황이 계속해서 벌어지고 있다. 사람들은 이런 아이러니한 현상을 방관자적 입장에서 바라만 보고 있다. 가짜뉴스가 횡행하는 시대, 사람들은 가짜뉴스에 치를 떤다고 하지만 결국에는 가짜뉴스의 애청자들로 전락하고 있다.

최근의 240번 시내버스 사건을 살펴보자. 혼잡한 버스에서 어린아이가 혼자 내린 뒤 버스가 출발했고, 그 어머니가 내려달라고 울부짖었지만 버스기사가 이를 아랑곳하지 않고 다음 정거장에서야 내려주었다는 이야기. 그사이 아이에게 큰일이라도 났으면 어쩔 뻔했냐며, 많은 사람들이 버스기사를 욕했지만, 최초 목격자에 의해 알려진 이 사건은 많은 부분이 과장된 것으로 밝혀졌다. 다행히 이 사건은 얼마 지나지 않아 CCTV 등으로 사실이 밝혀져 반전에 성공했지만, 아직도 많은 가짜뉴스가 진짜로 둔갑하여 사람들의 입에 오르내리고 있다. 가짜가 진짜를 희롱하는 작금의 사태를 어떻게 바라봐야 할까?

한 일간지 기자는 이런 일련의 사태들을 '명예 실종'이라 정의했다. 그렇다. 명예 실종이다. 진짜, 진실, 진정성이 휘청거리는 사회는 명예 실종이다. "요즘은 명예가 없는 것 같아요. 명예를 모르는 사람들 천지예요."

명예를 모르는 사람과 사회라니. 갑자기 아득해지는 느낌이다. 문득 로마 시대의 한 인물이 떠오른다. 킨킨나투스이다. 킨킨나투스는 한때 재산도 많았고, 로마 최고의 직위를 갖고 있었다. 하지만 아들인 카이소의 폭행 사건으로 재산이 몰수돼 빈털터리가 된 채 로마 변두리로 쫓겨났다. 변두리의 버려진 땅에서 그가 하는 일은 쟁기질, 바로 농장을 가꾸는 일이었다.

그러던 중 한편으로 로마 근처 산중에 살던 부족들이 연합해서 로마를 침공해왔다. 로마의 두 집정관이 모두 출정해 적과 교전을 벌였지만 적들에게 숙영지가 포위되고 말았다. 사령관을 포함해 1개 군단이 전멸할 위기에 처하자 로마의 원로들은 이 상황을 국가의 위기로 규정하고 킨킨나투스를 찾았다. 로마의 대표단이 킨킨나투스를 찾아갔을 때 그는 역시 밭에서 쟁기질을 하고 있었다. 그들은 킨킨나투스에게 로마가 큰 위기에 처했다는 소식을 전하며 이렇게 말했다. "로마 시민들은 당신을 로마의 통치자로 선출하여 전권을 맡겼습니다. 그리고 원로들은 당신이 당장 저 흉맹한 산족과 맞서 싸워주기를 바라고 있습니다."

킨킨나투스가 독재관에 임명된 것이다. 벌써 두 번째 임명이었다. 독재관이란 국가 비상시에 집정관 두 명을 대신한 관직으로, 지금으로 치면 계엄사령관과 대통령을 겸하는 무소불위의 권력을 갖는 직책이다. 킨킨나투스는 쟁기를 던지고 곧장 전장으로 달려갔다. 그는 앞장서서 산족에게 포위된 채 고군분투하고 있던 로마군을 구해냈다. 산족들은 큰 손실을 입고 쫓겨났다.

로마로 개선한 그가 가장 먼저 한 일은 뜻밖에도 독재관 자리를 내놓는 것이었다. 로마 시민들이 감사의 뜻을 전하기도 전에 그는 모든 권한을 로마 원로들에게 돌려주고 다시 버려진 땅으로 돌아갔다. 그가 독재관 자리에 있었던 시간은 불과 16일. 적과 싸운 단 그 기간 동안만 독재관 자리에 앉았다.

놀라운 것은 그가 독재관의 지위를 활용하여 몰수된 재산을 찾거나 억울함을 풀기 위한 어떠한 조치도 하지 않았다는 것이다. 참고로 독재관 임기는 여섯 달이었다. 역사서에는 킨킨나투스의 얘기가 간결하게 적혀 있다. 허나 그 짧은 서술에 함축돼 있는 스토리가 토해내는 울림은 얼마나 강렬한가.

킨킨나투스가 로마로 개선했을 때 사람들은 걱정했었다. 로마는 그를 추방했고, 이제 그는 로마를 좌지우지할 전권을 가졌기 때문이다. 허나 그는 적과 싸운 16일 동안만 권력의 자리에 앉았다. 역사를 살펴보면, 나라와 국민의 이름으로 일으킨 혁명과 쿠데타가 결국은 자신의 일신상 권력과 부를 위하여 장기집권으로 이어지는 예가 수없이 많다. 이를 고려하면 이는 아주 기이한 사건이었다. 로마를 위하는 킨킨나투스의 진정성에 대한 이해 없이는 이 사건을 해석할 방법이 없다. 명예를 말할 때 우리가 그 진정성을 애기하지 않을 수 없는 이유가 여기에 있다.

요즘은 진정성과는 전혀 어울릴 것 같지 않은 사람들도 진정성을 들먹거린다. 결국에는 쇠고랑을 찬 부패한 기업인뿐만 아니라 사악한 정치인마저 진정성을 운운한다. 화려만 외면만 자랑하는 연예인의 진정성 운운도 가관이다. 진정성은 이 시대의 화두가 되어버렸다.

진정성이란 무엇인가. 자신의 내면의 소리에 충실한 것을 말한다. 내면에 충실한 것은 '초심初心'에 버금가는 것이 없다. 초심에 사심이 담겨 있을 리 없다. 티 없이 순일무잡純一無雜한 그 마음이 초심이며, 내면의 자아와 행동하는 자아가 완전히 하나가 되는 것이 진정성이다.

진정성의 속성은 일관성·정직성·성실성·투명성·신뢰성·순수성·일치성·통합성 등이다. 이러한 요소들은 한 개인의 욕심과는 관련이 없다. 진정성은 자신의 이익을 창출하기 위하여 남을 이용하겠다는 욕심이 없는 것을 말한다. 다른 사람을 자신의 도구로 사용하려는 생각 자체가 없는 것이 진정성이다. 그래서 초심으로 대변되는 진정성은 자신뿐만 아니라 남을 설득하는 힘이 남다르고 일을 성취하는 힘이 탁월하다.

진정성에는 특별하고 강력한 두 가지 힘이 있다. 하나는 기업과 조직의 존재를 지속 가능케 하는 힘이다. 단기적인 레이스보다는 장기적인 레이스를 염두에 두고 달리는 마라토너처럼 흔들림 없이 기업과 조직을 길게 이끌어가는 힘이라고 말할 수 있다. 이 같은 진정성의 지속 능력을 활용, 사회로부터 꾸준히 사랑을 받아오는 기업을 우리 주변에서 볼 수 있다는 것은 행운이다.

대표적인 예가 유한양행이다. 유한양행의 창립자 유일한 박사는 상표를 버드나무로 새겼다. 버드나무는 여름날 뜨거운 태양을 막아주는 역할을 한다. 사람들이 햇빛을 피해 마음 놓고 쉴 수 있는 공간을 마련하자는 의미에서 버드나무로 상표를 만든 것이다.

이 버들표에서 알 수 있듯 그는 회사의 이익보다는 국민의 건강을 챙겼다. 여타 기업에서는 쉽게 찾아 볼 수 없는 사회적 책임을 추구한 것이다. 그 결과 1926년 미국에서 설립된 이래 일제 강점기, 6·25 등 거친 풍랑을 거치면서도 90년이 넘도록 국민들의 사랑을 받아오고 있다.

진정성의 또 다른 힘은 조직과 주변, 기업과 사회를 동시에 상생하게 만드는 힘이다. 독단적으로 혼자 달리는 레이스를 펼치는 것이 아니라 남과 더불어 함께하는 레이스를 펼치는 것이다. 자신뿐만 아니라 주변을 행복하게 할 수 있는 능력을 갖고 있는 것이다. '함께 가자'는 진정성의 슬로건이다.

이쯤에서 스타벅스의 예를 살펴보자. 매일 스타벅스 매장을 찾아오는 초로의 남자가 있었다. 휴일을 제외하고 하루도 매장 방문을 게을리 하지 않는 남자는 특이한 손님이었다. 한 잔의 커피를 시켜놓고 두어 시간 동안 상념에 잠겨 있는 남자의 모습은 결코 평범한 것은 아니었다. 누구를 기다리는 것도, 매장에서 그 무엇을 찾으려는 것도 아닌 것 같았다. 그렇게 반년이 지날 무렵 스타벅스의 CEO 하워드 슐츠는 용기를 내어 그 남자에게 말을 건넸다. 알고 보니 그는 직장에서 해고된 남자였다. "해고된 것을 아내는 모르지

요. 출근시간에 맞춰 집을 나서지만 어디 뚜렷하게 갈 만한 곳을 찾지 못해….”

순간 슐츠의 머리에는 아버지의 초라한 모습이 떠올랐다. 아무리 열심히 일해도 경제적으로 무능했던 아버지를 미워했던 지난날이 갑자기 후회스러워졌다. ‘자식들을 위해 평생 일해온 부모들은 결코 비난받아서는 안 된다’는 생각이 퍼뜩 들었다. 슐츠는 자신의 아버지처럼 사회에서 버림받은 사람들에게 안정적인 고용 기회를 제공하고, 삶을 즐길 수 있는 여건을 마련해주는 회사를 만들기로 결심했다. 직원과 고객, 협력업체들이 함께 어울려 편하게 숨을 쉬는 공간을 만들기로 결심한 것이다. 스타벅스의 근본적인 변화가 일어난 것은 이때부터다.

스타벅스가 단순히 최고의 커피 맛에 치중했다면 지금처럼 정상에 서 있지 못했을 것이다. 스타벅스 성공은 진정성에서 찾아야 한다. 남들이 얘기하듯이 커피 맛이나 운영에 달려 있는 것이 아니다. 하워드 슐츠는 《스타벅스-커피 한 잔에 담긴 성공 신화》에서 다음과 같이 말한다. “진정성은 우리가 지향하는 목표이다. 그것은 우리 정체성의 일부이다. 만약 우리가 정체성을 포기하고 더 높은 수익과 타협한다면 과연 우리가 무엇을 이룰 수 있을까. 결국 우리의 모든 소비자들은 우리의 정체성을 파악할 것이다."

진정성의 힘에서 우리가 주목할 게 하나 있다. 진정성은 사업이나 인생 항로에서 내비게이션 역할을 한다. 내비게이션이 제대로 작동하지 않으면 방향은 엉망이 되고 보다 높은 곳을 지향하기보다는 당장 눈에 보이는 곳을 향하게 된다. 따라서 이들이 그려낸 방향은 일관되지 않다. 술 취한 사람처럼 갈지자를 그려낼 따름이다. 큰 그림을 볼 수 있는 안목을 잃어버리고 자기중심적으로 생각하면서 잦은 실수를 하게 된다. 그들이 그려내는 스토리는 뒤엉킬 수밖에 없는 것이다.

허나 진성 리더에게는 탁월한 도구가 하나 있다. 그것은 우월한 유전인자를 갖고 있는 내비게이션이다. 남들과 달리 시시각각으로 업데이트되는 내비게이션으로 그들은 자신의 삶의 방향과 일에 대한 방향을 설정하면서 긴장의 끈을 놓치지 않는다. 이것이 높은 성과로 나타나는 것이다. 진성 리더들이 한결같이 자신의 분야에 전문성이 높다는 것은 상기할 필요가 있다. 자신의 분야에서 고도의 숙련을 거친 리더들이, 방향 설정이 탁월한 내비게이션과 만나게 되면 고성과로 이어지는 것은 당연하다.

맥도널드의 예를 살펴보자. 맥도널드는 2003년 짐 캔탈루포를 다시 불러들였다. CEO 경쟁에서 밀려나 퇴직한 상태로 있던 그를 불러들인 것은 역사상 최초의 영업 손실 때문이었다. 영업 손실의 원인은 아이러니하게도 그동안 맥도널드의 사업 범위를 넓혀준 것으로 알려진 부동산 사업과 해피밀 프로그램 같은 월간 프로모션에 집중한 단기 판매 증진에만 초점을 맞춘 마케팅 전략 때문이었다. 특히 햄버거 판매 수익보다는 프랜차이즈 매장의 임대 수익이 낫다는 것을 알고 매장을 매입해서 임대해주는 사업을 확장해왔었다. 당연히 맥도널드의 정체성은 퇴색되기 시작했고, 이것이 부메랑으로 돌아와 맥도널드는 서서히 침체의 늪으로 빠지게 된 것이다.

기업을 성공으로 이끄는 것은 힘들다. 그보다 힘든 것은 성공한 기업을 재탄생시키는 것이다. 과거의 성공 경험과 습관을 버리는 것은 지극히 어렵기 때문이다. 짐 캔탈루포는 어떻게 맥도널드를 재탄생시켰을까? 바로 초심으로 돌아가는 진정성에서 시작했다.

복귀한 짐 캔탈루포는 제일 먼저 맥도널드의 사업을 재정

의했다. 맥도널드의 브랜드 파워의 핵심이었던 깨끗한 매장, 바른 서비스, 따뜻한 음식이라는 세 가지 기본 원칙을 강조했다. 단기적인 수익 증진 전략을 포기하고 당장 돈이 되지 않더라도 기본 원칙을 철저히 지킬 것을 반복적으로 강조했다. 창업자인 레이 크록이 구상한 해피 플레이스happy place로 내비게이션을 맞춘 것이다. 초심을 되찾은 맥도널드의 진정성은 다시 고객들을 불러들이기 시작했다. 매출은 급신장했고, 주가는 그가 재임하는 동안 두 배 이상으로 뛰어올랐다.

사실 대부분의 기업이 재탄생 고비에서 주저앉는다. 그 이유는 한마디로 진정성 부족이다. 누군가의 말대로 '진정성은 희귀한 자원'이라는 말은 비즈니스에도 그대로 적용되는 것이다.

그렇다면 이제 진정성의 핵심으로 성큼 들어가보자. 속마음과 겉마음이 같고, 너와 나가 다르지 않다는 진정성의 진수를 보여주는 말이다. 철학자 마르틴 부버는 그의 책《나와 너》에서 '스스로 존재하는 나는 없다'고 단언한다. 나는 항상 관계가 있을 때 비로소 존재한다고 주장한다. 네가 있고 내가 있는 것이며, 그것이 있고 내가 있다는 말이다.

'나와 그것'에서 벗어나 '나와 너'의 관계를 기조로 한 마르틴 부버의 인격주의 철학은 20세기 사상가들에게 많은 영향을 미쳤다. 허나 부버의 철학은 진정성의 시각으로 보았을 때 다소 아쉬움이 남는다. '나와 너'는 관계의 개념이기 전에 분리의 개념이기 때문이다. 일치가 진정성의 한 속성이라는 점을 고려할 필요가 있다.

나와 너를 분리해서 보는 것은 시야가 좁은 것이다. 좀 더 폭넓은 시각에서 '나의 너' 혹은 '너의 나'라고 해야 하지 않을까. '나의 너'는 시대가 요구하는 진정성에 한 발 더 다가서는 것이다. 나의 너로 바라보는 세상은 진정성이 넘치는 세상, 그리고 모두가 함께하는 행복한 세상인 것이다.

최근 시장자본주의에 대한 논란이 가속화되고 있다. 시장경제를 악용한 자본가들 때문에 시장이 그 기능을 다하지 못하고 있다. 밀턴 프리드먼이 주창한 시장 중심의 신자유주의 패러다임은 이제 역기능에 노출되고 있는 것이다. 프리드먼에게 부족한 것은 함께하는 가치와 정신이다. 21세기 들어 뜨거운 감자가 되고 있는 자본주의 4.0의 슬로건은 '함께하자'는 것이다. 모두가 상생할 수 있는 길을 찾아보자는 게 자본주의 4.0의 핵심이다. 바로 진정성의 문제다. '나와 그것'이 아닌 '나와 너'를 넘어서 '나의 너'에 대한 인식이 절실히 요구되고 있다.

서두에서 진정성과 진정한 명예를 얘기하기 위해 킨킨나투스를 끌어들였다. 킨킨나투스가 존중받는 사회는 명예로운 사회이다. 화려한 외면에 속고 속이는 사회가 아닌 소박하지만 진정이 넘치는 사회가 진짜 화려한 사회이다. 정말 화려한 사회를 만들기 위해서는 진정성만 한 가치는 없다.

셰익스피어는 '썩은 백합꽃은 잡초보다도 그 냄새가 고약하다'고 했다. 단순한 겉모습보다 내면의 진정성을 강조한 말이다. 잡초로 눈을 돌려보자. 생생한 잡초는 그 자체로 진정성 있는 식물이다. 진정성 있는 존재는 그 자체로 좋은 향기가 나는 법이고 아름다움 그 자체다.

★ 진정성은 초심이다.
★ 진정성은 사업이나 인생에 있어서 내비게이션 역할을 한다.

> **"**
> 통찰이 세상을
> 리드한다

하워드 가드너 | 《통찰과 포용》

> **"**

Q 관리자의 고민
리더의 조건 중에서도
가장 중요한 것이 무엇입니까?

A 리더의 해답
모든 것을 갖추었어도
통찰력이 없으면 아무것도 갖추지
않은 것과 마찬가지입니다.

부분이 아닌 전체를 보는 능력을 우리는 통찰력이라고 말한다. 그것이 리더가 되는 조건이라고 말한다. 혹은 이미 리더가 된 이들이 키워야 할 조건이라고도 한다. 그러나 통찰력이라는 것이 어떻게 생기는 것이며, 또 어떤 것인지 우리는 잘 알지 못한다. 통찰. 그것은 무엇일까?

먼저 사마천의 《사기》를 살펴보자. 조나라 장수 조괄의 일화다. 조괄의 어머니는 왕이 아들을 전장의 장수로 삼자 반대하고 나서며 약조를 부탁했다. "대왕께서 끝내 그 아이를 장수로 삼으시겠다면 그가 자기 소임을 감당하지 못한다 하더라도 소첩을 자식의 죄에 연루되지 않게 해주십시오."

왕은 이를 승낙했다. 전쟁은 어머니의 예상대로 아들의 실책으로 패하고 말았다. 왕은 앞서 약조한 것이 있어 그 어머니를 죽이지 않았다.

이 일화는 사마천의 《사기》에 나오는 이야기 중 가장 인상 깊은 대목이다. 조괄의 부친 조사는 큰 나라인 진나라와의 전쟁에서 승리를 한 명장이었다. 조나라 임금이 조괄에게 진나라와의 전쟁을 맡긴 데는 조괄의 부친인 조사의 공을 염두에 둔 까닭이다.

이 일화를 보면 두 가지 의문점이 생긴다. 하나는 조괄의 어머니는 왜 아들의 장수 임명을 기뻐하기는커녕 우려했을까? 또 어머니는 조괄의 전쟁 패배를 어찌 미뤄 짐작할 수 있었을까? 조괄의 어머니는 이렇게 말했다. "조괄의 행실은 부하들이 존경한 조괄의 아버지 조사와는 전혀 다릅니다. 조괄이 장군이 되자 군관들은 그를 감히 쳐다보지 못했고, 왕께서 상으로 하사하신 물건이 있으면 모두 집으로 가져왔습니다. 아비와 자식이 마음 씀이 이렇게 다르니 청컨대 대왕께서는 그를 장군으로 보내지 말아주십시오."

어머니의 혜안이 번뜩이는 말이다. 아들의 출세를 장려하기는커녕 오히려 가로막고 나섰다. 아들, 가족이라는 틀에 얽매이지 않는 넓은 시야와 전체를 파악하는 통찰이 돋보인다. 조괄의 어머니는 몇 가지 사안만 가지고도 아들의 그릇이 작다는 것을 단번에 간파했다. 교만하고, 욕심 많은 아들은 그릇이 작아 전쟁의 장수가 될 수 없다고 생각한 것이다. 사태를 이해하는 힘도 부족하고, 부하들을 통솔할 능력도 부족한 아들이 장수가 된 전쟁은 기필코 패하고 말 것이라고 본 것이다.

세상에는 남들이 알지 못하는 것을 아는 사람과, 남들이 보지 못하는 것을 보는 사람이 있다. 앞서 말했듯이 이를 신명이 있다고 하는데, 신명이 있는 사람은 무엇을 하든 일을 풀어가는 힘이 탁월하다.

신명을 어원대로 풀이하면 신의 경지에 이른 밝은 이치를 말한다. 인간의 경지를 넘어서서 신의 경지에서 바라보는 세상사는 모든 것이 자명할 것이다. 해가 동쪽에서 떠서 서쪽으로 지듯이 모든 사태의 흐름을 있는 그대로 이해한다. 알지 못해 느끼는 공포와 두려움도 없을 것이다. 어느 정도 일이 진행된 다음에야 사태를 짐작할 수 있는 필자로서는 일과 사물의 핵심을 단번에 꿰뚫어보는 사람들의 안목이 부럽기만 하다. 같은 인간인데 어찌 그들에게만 탁월한 재능을 주어졌는지, 새삼 부러울 뿐이다.

신명이라는 단어에는 귀신 신神 자가 들어 있어 부담을 느끼는 사람들이 있으니 이를 달리 표현해보자. 통찰이다. 통찰은 부분적인 인식이 아니라 전체를 한꺼번에 바라볼 수 있는 포괄적인 인식이다. 전체라는 것은 시간과 공간을 함께 아우르는 말이다. 전체를 볼 수 있는 능력은 강력한 힘이다. 세상사를 움직이는 것은 대부분 이 통찰력에서 나온다. 통찰력을 갖춘 자가 세상을 리드하는 것이고, 갖추지 못한 자가 이를 따라가는 것이다. 리더의 조건은 단 하나이다. 당연히 그것은 통찰이다.

인간의 삶에는 두 가지 길이 있다. 하나는 전체적으로 사는 길이고, 다른 하나는 부분으로 사는 길이다. 전체적이란 말은 어원상 건강하고 온전함을 의미한다. 몸이 분리

되어 있다면 고통을 느낄 것이다. 조직이 분리되어 있다면 어려움을 겪을 것이다. 발에 맞지 않는 신발을 신은 사람의 처지와 마찬가지다. 전체를 보고 사는 사람들에게는 갈등이 존재하지 않는다. 모든 것이 명백해 보이고 그것으로 끝이다. 대낮처럼 환한데 무엇을 더 찾을 것인가. 따라서 싸울 필요도 없고 그에 따른 에너지 낭비도 없다. 전체를 보고 사는 길은 통찰을 갖고 산다는 말이다.

다수의 사람들은 전체를 보지 못하고 부분을 보면서 살아가고 있다. 삶이 고단하다면 자신의 삶을 되돌아볼 필요가 있다. 혹 부분만 보고 살고 있는 건 아닌지 반성해볼 일이다. 부분은 갈등을 일으킨다. 전체와의 화합이 어려워 불협화음을 일으킨다. 그리고 부분에 사로잡히면 전체를 보지 못한다. 사물의 한 면만을 고수하고 나머지를 부정하는 것이다. 부분이 옳고 전체가 그르다고 여긴다. 좁은 시야와 고집스런 편견으로 세상을 살아가는 것은 지혜롭지 못한 일이다.

통찰은 단숨에 전체를 보는 능력이다. 통찰은 논리를 넘어서 있다. 논리의 세계에서는 통찰이 보이지 않는다. 논리를 넘어서고 경험도 넘어선 상태에서 통찰이 나온다. 통찰이 바로 지혜다.

리더와 통찰의 함수관계는 정밀하다. 통찰력이 부족한 리더는 오래가지 못하고 조직 또한 성장하지 못한다. 리더가 일이 절정이 다다른 다음에야 사태를 파악하는 정도의 인식 능력을 갖고 있다면 한 조직의 흥망성쇠를 책임질 수 없다.

불행히도 주변에는 통찰력이 부족한 리더와 그가 리드하는 조직들이 의외로 많다. 그들은 더욱더 치열한 논리와 이치로 세상을 대하려 하나 그럴수록 논리의 늪에 빠진다. 전체를 보지 못하고 부분으로만 치닫는 그들의 고집이 안타까울 따름이다. 소위 똑똑하다는 사람들에게서 볼 수 없는 것이 통찰력이다. 모든 것을 갖추었어도 통찰력이 없으면 아무것도 갖추지 않은 것과 마찬가지다.

필자 주위에 똑똑한 후배가 있다. 소위 스펙이 뛰어난 후배다. 그는 항상 정연한 논리로 주변 사람들을 놀라게 한다. 이치와 논리가 그가 가진 주무기다. 그러나 그는 항상 갈등과 위기 상황에 빠져 있다. 그럴수록 그는 더욱더 치열한 논리로 재무장한다. 논리에는 함정이 숨어 있고, 그는 다시 함정에 빠진다. '다음에'라는 함정이다. 실천과 행동이 따르지 않는 후배의 인식은 병든 인식이다. 결코 통찰이 아니다.

통찰은 실천과 행동이 뒷받침되어야 한다. '3세 아이도 알 수 있지만 80세 노인도 행하지 못하는 게 도이다'라는 말은 실천의 중요성을 일깨우는 말이다. 소위 지이행난知易行難이다. 알아차리는 것은 쉬우나 행하는 것은 어렵다는 뜻이다. 실천과 행동이 없으면 그것은 통찰이 아니다.

통찰은 행동이다. 사람이 통찰력을 가지고 있으면 그 순간에 모든 것이 명백히 보이기에 그에 따른 행동도 완전하다. 통찰하는 순간 불만스런 상황이 있다면 그것을 전적으로 느끼고 그것을 있는 그대로 받아들이는 강력한 행동이 나온다. 이때 있는 그대로 받아들인다는 것은 불만스러운 상황을 무시하는 것이 아니고 불만스러운 상황을 불태우는 것이다. 거칠 것 없이 피상적인 것들을 불태우고 본질적인 것에 치중하는 것은 정열적인 행동이다. 그래서 통찰은 또한 정열이다. 강력한 통찰일수록 정열 또한 강력하다.

통찰이란 즉각적인 행동을 의미한다. 통찰이 먼저이고 행동이 나중이라는 말이 아니다. 통찰과 행동은 같이하는 것이다. 통찰에는 '다음에'라는 말이 없다. '다음에'는 의미 없는 지금을 반복하는 말이다. 일상에서 어떤 틀을 반복한다는 것은 기계적이라 할 수 있다. 결론의 반복은 기계적인 삶이다. 통찰에는 이미 만들어진 결론과 이미지가 없다는 점에서 반복은 통찰과 거리가 멀다.

그렇다면 통찰력을 기르는 방법은 무엇인가. 고대 중국 철학자 순자는 허일이정虛壹而靜을 주장했다. 허虛는 마음을 비우는 것이다. 욕망도 욕심도 버리는 것이다. 결론이나 고착화된 선입견이 사라진 상태다. 일壹은 전체를 지켜보되 한 가지 일에 주의를 기울이는 것이다. 집중이 아니다. 집중하는 순간 통찰력은 흐려지고 만다. 정靜은 마음이 고요한 상태다. 거울 같은 호수의 마음으로 사물을 바라보는 것이다.

허일이정의 마음가짐은 지식·욕심·욕망·허구·환상·시공간·선입관·자부심·습관·관습 등 진리에 전혀 도움이 되지 않는 하잘것없는 것, 허나 세간에서 중시하는 것들을 한꺼번에 일시에 버린 상태다. 텅 빈 공간에 채워지는 것은 사물의 핵심 전부다.

하워드 가드너는《통찰과 포용》이라는 책에서 리더의 덕

154

목으로 이야기라는 개념을 도입했다. 그는 이렇게 말했다. "리더와 리더가 아닌 평범한 사람의 중요한 차이는 그만의 독특한 이야기가 있는가 하는 점이다." "리더는 핵심적인 이야기나 메시지를 가지고 있어야 한다."

여기서 말하는 이야기는 바로 통찰이다. 자신의 정체성을 파악하고, 세상을 제대로 이해하는 통찰을 말하는 것이다. 차별도 없고 핵심도 없는 이야기는 시시한 이야기일 뿐이다. 시시한 이야기로는 세상은커녕 자신이 몸담고 있는 조직조차 설득할 수 없다. 그런데도 세상에는 시시한 이야기로 리드를 하려는 사람이 득실거린다. 이런 흐름 속에서 아들의 출세를 적극 저지하고 나선 조괄의 어머니의 이야기는 새삼 곱씹어볼 일이다. 다시 한 번 말한다. 통찰이 있는 자가 세상을 리드한다.

★ 통찰력이 강한 자가 지혜롭게 세상을 리드한다.
★ 통찰력을 기르려면 마음을 고요한 상태로 만들어야 한다.

"

한 번의 승리로
황제가 된다

오기 | 《오자병법》

,,

> **Q** 관리자의 고민
> 선택의 연속들로 삶이
> 너무 피곤합니다.

> **A** 리더의 해답
> 헛된 선택에 힘쓰지 말고
> 절체절명의 선택에 승부를 거십시오.

"한 번의 승리로 황제가 된다."《오자병법》에 나오는 말이다. 그렇다면 다섯 번 승리한 자는 어떠한가? 오기는 화를 입는다고 했다.

《오자병법》을 자세히 들여다보기 전에 먼저 염두에 둘 단어가 있다. 그것은 탁월이다. 탁월은 병법서와는 그리 어울리지 않는 말이다. 영성의 속성이 다분한 탁월과 영성하고는 관계없는 전쟁은 아무래도 얽히기 어려운 단어일 것이다. 그러나 탁월을 얘기하지 않고서는 《오자병법》의 이 구절을 제대로 해석할 수는 없다.

　탁월한 사람, 탁월한 삶, 탁월한 인생, 탁월한 작품, 탁월한 일 처리 등, 탁월이 수식하는 단어는 많지만 이들을 하나로 집약시킬 수 있는 것은 아무래도 탁월한 삶이다. 탁월과 인연을 맺은 삶은 치열 그 자체다. 그것은 전 존재를 요구하기 때문이다. 몸과 마음, 영혼을 포함한 나의 모든 것을 요구한다. 전체로 뛰어든다는 것이다. 일부만의 일탈도 허용하지 않는다. 전 존재는 중간치를 요구하지 않는다. 80도의 물은 끓지 않는다. 99도의 물 역시 끓는 물이 아니다. 100도를 넘어야만 비로소 물이 끓는다. 99도와 100도는 단지 1도 차이가 아니라 차원을 가르는 기준이다. 1도의 차이로 물은 수증기로 변한다. 순식간의 비약이다. 평범에서 탁월로 전환하는 것 역시 비약이다. 그 1도를 넘지 못해 평범에서 벗어나지 못하는 수많은 삶들이 있다.

　전 존재로 사는 삶은 자아를 강력하게 통제하는 힘을 요구한다. 자아 통제는 쉽사리 얻어질 힘이 아니다. 삶에 대

한 진지한 물음과 답이 있은 후에서야 가능한 일이다. 그
것도 어느 정도 숙성된 시간과 문답이 오고 간 후에야 얻
어질 것이다.

　허나 자아 통제의 영향력은 막강하다. 자신을 가두는 통
제는 역설적으로 자신의 초월을 가능케 한다. 자신을 초월
한다는 것은 자신의 한계를 돌파한다는 것이다. 끊임없이
자신의 한계를 극복, 돌파해나가는 것이 바로 탁월인 것이
다. 한계의 기준은 자신이다. 남이 아니다. 남과 비교해서
극복, 돌파하는 것이 아니라, 계속해서 자신의 한계치를
극복해나가는 것이다.

　우리는 여기서 탁월한 삶이란 두 가지 속성이 있음을 알
수 있다. 전체적으로 뛰어드는 것이 그 하나이고, 자기 한
계 초월이 그 둘이다. 이 두 가지 속성은 탁월한 삶을 좌지
우지하는 필요충분조건이다. 이 필요충분조건을 달성하
기 위해서는 세 가지 행동 강령이 필요하다.

　탁월한 삶을 위한 조건, 그 하나는 순응하지 않는 것이
다. 이 문장에는 무엇이란 것이 없다. 없음은 전부이다. 그
렇다면 모든 것에 순응하지 않는 것이다. 운명을 비롯한

자신의 환경을 옥죄는 모든 조건에 순응하지 말라는 것이다. 탁월한 삶은 외부조건에 흔들리지 않는다. 사회가 그토록 총애하는 권력·돈·지위 등등에 영향을 받지 않는다. 사회적으로 저명한 권위자의 말도 듣지 않는다. 그것들은 단지 겉으로만 위대해 보일 따름이다. 속은 썩어 문드러졌는데 겉모습만 화려한 가짜라는 말이다.

운명에도 휘둘리지 않는다. 인간의 자유의지에 강한 믿음이 있기 때문이다. 운명에 휘둘리는 자는 그가 황제의 운을 타고났다 하더라도 탁월한 삶과는 거리가 멀다. 자기 한계 초월이라는 탁월의 덕목과는 거리가 멀어도 한참 멀다.

탁월한 삶에는 당연히 많은 사람들이 선택하는 본능·욕망이나 취향을 배제한다. 이것들은 평범한 삶의 요소일 따름이다. 탁월한 삶을 이끄는 것은 오직 내부로 향한 나침판이다. 내부의 나침판이 무엇을 가리키는지는 오직 그 자신만이 알 수 있다. 누구도 알 수 없다. 아니 그도 알 수 없다. 알 수 없기에 그토록 치열하게 추구하는 것이다. 혹자는 그것을 '내부의 신', '브라만', '오메가 포인트'라 하기도 한다.

탁월한 삶을 위한 조건, 그 둘은 순간을 사는 것이다. 순간은 시간의 개념이 아니다. 시간은 삶에서 에너지를 빼앗는다. 후회하고 기다리고 희망하고 절망하는 시간 동안 삶의 에너지가 사라진다. 따라서 탁월한 삶에는 어제도 내일도 오늘도 없다. 오직 이 순간만이 존재한다. 이 순간에 삶과 하나가 되는 것이다. 하나가 될 때 일어나는 것은 강력한 에너지다.

순간을 사는 삶은 과거의 습관에 물들지 않는다. 그러기에 모든 것이 새롭다. 새롭기에 그 무엇에 저항하지도 않고, 거역하지도 않으면서 지금 이 순간에 몰입할 수 있는 것이다. 몰입한다는 것은 매 순간 마지막인 것처럼 사는 것이다. 마지막 순간이 영원이다. 영원은 순간 속에 깃들어 있다. 어제와 오늘 그리고 내일이라는 시간은 영원이 아니다.

카르페 디엠. 영화 〈죽은 시인의 사회〉에서 키팅 선생이 학생들에게 한 말로 유명해진 라틴어이다. 순간에 충실하라는 이 말은 바로 탁월한 삶을 사는 자들의 행동 강령이다. 이것이 바로 삶에 전체적으로 뛰어드는 자의 선택이다. 기독교나 불교의 선지자들도 순간의 중요성을 강조했다.

'좋은 항아리를 가지고 있으면 그날 안에 사용하라. 내일이 되면 깨어질지도 모른다.' 탈무드에 나오는 말이다.

순간의 중요성을 설파한 지혜로운 말씀이다.

탁월한 삶을 위한 조건, 그 셋은 때를 따르는 것이다. 봄에 씨를 뿌리지 못하면 가을에 추수를 하지 못하는 것이 자연의 이치다. 삶도 마찬가지다. 기다리고 준비하고 가다듬고 나아가고 물러나는 시기가 있다. 탁월한 자의 삶에서는 이런 시기 포착이 물 흐르듯이 행해진다.

'때'는 유가·도가·법가 등 중국 사상체계에서 중요한 위치를 차지한다. 시지의대의 時之意大矣(때의 의미가 크도다), 유약수시 柔弱隨時(부드럽게 때를 따른다) 등의 말은 때가 사건과 사물의 핵심이라는 것을 역설하고 있다.

탁월한 삶은 특히 기다림에 특별한 의미를 부여한다. 기다리는 동안 준비하고 가다듬는 과정을 수없이 되풀이한다. 무한정 무작정 기다리는 것이 아니라, 적극적으로 준비하는 것이다. 사실 적극적인 준비는 시기를 만드는 것이다. 시기는 사람이 해야 할 일을 다해야 비로소 찾아오는 것이다.

특히 지혜로운 자는 때를 읽는 힘이 남다르다. 나아가고 물러나고 지키는 때를 빈틈없이 찾아낸다. 때를 결정짓는 것만 봐도 그가 지혜로운지를 알 수 있다. 지혜로운 자, 탁월한 자는 골든타임을 놓치는 우를 결코 범하지 않는다. 쓸쓸한 얘기지만 세월호 사건이나 메르스 사태 등 나라를 흔든 작금의 문제들은 바로 때의 문제, 골든타임을 놓친 결과이다.

때에는 나아가는 것만 있는 것이 아니다. 기다림도 중요하다. 적극적으로 준비하지만 나아가지 못하고 준비로 끝날 수도 있다. 때가 무르익지 않았기 때문이다. 기다림의 미학, 이는 나약한 자의 소치가 아니다. 나약한 자는 멈추는 결단을 내릴 수 없다. 자신을 가두는 이런 자아 통제는 탁월한 삶의 필수조건이다.

《삼국지》제갈량편에는 시무를 아는 자는 준걸이란 말이 나온다. 제갈량이 바로 시무를 아는 자이다. 여기서 시무란 시기를 잘 파악한다는 말이다.

제갈량이 누구인가. 와룡臥龍 아닌가? 누워 있는 용, 아직 때가 무르익지 않아 뜻을 펼치지 않은 용이다. 제갈량이 선택한 유비의 총병력은 3,000명뿐. 위나라의 조조의 10만, 오나라 손권의 5만 명에 비해 초라한 수치였다. 이 초라한 병력을 이끌고 중국 삼국시대를 주도했다.

제갈량의 탁월한 식견은 유명한 일화인 유비와의 첫 만남,

'융중에서의 문답'에서 온전히 드러난다. 제갈량은 유비에게 손권을 우방으로 삼아 조조 군사와 대치할 것을 주장하고, 전략 요충지로 형주와 익주를 점령하는 정책을 제시했다. 이것은 역사가 증명하듯, 당시 세력이 가장 약한 유비가 취할 수 있는 최고의 책략이었다.

제갈량은 특히 자기 통제로 자신의 한계를 초월했다. 제갈량이 그의 아들에게 보낸 서간문을 보면 담박명지澹泊明志(마음이 깨끗해야 뜻이 밝아진다), 영정치원寧靜致遠(마음이 평온해야 뜻을 크게 이룰 수 있다)이란 말이 나온다. 제갈량의 삶은 이 두 명언으로 귀결된다. 세상에 나가지 않았을 때나 나갔을 때나 이러한 자세로 항상 자신을 통제했다.

특히 제갈량은 유비와 융중에서 만나기 전, 즉 세상이 자기를 알아주지 않을 시절에 자신을 통제하고 독려하면서 때를 만들어왔다. 때를 기다리는 것이 무엇인지를 여실히 보여줬다. 멈추고 있었지만 적극적인 자세였다. 기다림의 미학의 정수이다.

다시 한 번 정리해보자. 탁월한 삶이란 무엇인가? 한마디로 말하자면 독창성으로 가득 찬 아름다운 이야기다. 몸과 마음이 예민하게 작동하고, 결코 기계적으로 살지 않은 자들의 이야기다. 제갈량의 삶이 그러하듯이 탁월한 삶은 이야기가 풍족하다. 풍족한 이야기에는 영혼을 울리는 그 무엇이 있다.

그렇다. 탁월한 삶은 영혼을 울리는 진동이 있다. 진동은 저절로 울리지 않는다. 먼저 주변을 울리고 그런 다음 시간과 공간을 넘나든다. 시간과 공간이 이에 화답한다. 온 세상이 공명하는 것이다. 탁월한 삶은 영원하다는 것이다. 모든 위대한 예술이 그러하듯이.

반면 평범한 이야기는 소재가 빈약하다. 진동도 약하다. 자기만 듣는 것으로 그친다. 시공간은커녕 주변마저도 울리지 못한다. 그 이유는 간단하다. 평범한 삶에는 모방과 복제만이 있기 때문이다. 모방과 복제에는 심금을 울리는 진동이 깃들 수 없는 것이다.

그럼에도 불구하고, 역설적으로 사람들은 평범한 삶을 선호하는 경향이 있다. 남들을 따라 하면, 특히 사회가 유도하는 삶을 따라 하면 안전해 보이고 그럴듯해 보이기 때문이다. 반면 탁월한 삶은 수많은 가시밭길을 걸어가야 할 것 같다. 위험해 보이고 불안해 보이기도 한다.

이럴 때 선택의 문제가 등장한다. 위험하고 불안해 보이는 탁월한 삶과 안전하고 그럴듯해 보이는 평범한 삶 중에서 어떤 것을 선택할 것인가. 선택의 기준은 의외로 인간의 욕망과 본능이다. 욕망과 본능에 충실한 자는 평범한 삶을 선택할 것이고, 가슴속에 깊이 자리 잡은 그 무엇, 즉 영혼을 갈구하는 자는 탁월한 삶을 선택할 것이다.

역설적인 것은 안전을 선택한 평범한 삶은 노예·불안·두려움·속박·초라함·왜소로 이어지고, 불안을 선택한 탁월한 삶은 주인·자유·광대함으로 이어진다는 것이다.

길게 돌아왔다. 서두로 돌아가자. 중국 춘추시대 말기 오나라는 중원을 위협하는 강국이었다. 허나 오나라 왕 합려의 아들 부차는 싸움을 즐기다가 월나라 구천에 망하고 말았다. 후세 역사가들은 이를 한 줄로 설명한다. "부차가 망한 이유는 너무 많이 싸우고 너무 많이 이겼기 때문이다."

오기는《오자병법》에서 다음과 같이 강조한다. "한 번 승리한 자는 황제皇帝가 된다. 두 번 승리한 자는 왕王이 되고, 세 번 승리한 자는 패자覇者가 되고, 네 번 승리한 자는 피폐疲弊하고, 다섯 번 승리한 자는 화禍를 당한다."

하나의 선택과 한 번의 승부, 여기에 탁월한 삶의 정수가 모두 들어 있다. 한 번의 승부를 위해 기다리고 기다리면서 만반의 준비를 하는 자세는 범상치 않다. 그는 자아 통제가 극히 강한 자이며 욕망에 순응하지 않고, 운명에 굴복하지 않은 자이다. 평범의 범주를 벗어나지 못하는 우리는 탁월한 자가 보여주는 삶의 자세에 전율하지 않을 수 없다.

여하튼 승부에 울고 웃던 지난날은 제쳐두자. 이제부터다. 단 한 번의 승부를 위해 우리는 무엇을 할 것인가. 무엇보다 우선시할 것이 있다. 삶에 서툰 나머지 승부에 들뜨고 있는 우리를 통제할 기다림의 미학을 터득하는 것이다. 그냥 기다리는 것이 아니다. 적극적인 기다림이다. 거기에 탁월한 삶이 숨어 있다.

★ 자신의 한계를 극복, 돌파해나가는 것이 바로 탁월이다.
★ 지혜로운 자는 나아가고 물러나고 지키는 때를 빈틈없이 찾아낸다.

166

> **기다릴 줄**
> **알아야 한다**
> 《주역》

Q 관리자의 고민
이기려면 강해져야 합니까?

A 리더의 해답
때를 기다릴 줄 아는 것이
강함을 능가합니다.

중국 역사에서 강태공은 왕족의 후손이나 아무도 거들떠보지 않았다. 아니 스스로 세속과의 담을 쌓았다는 말이 맞을 것이다. 하찮은 벼슬자리에 눈길 한번 주지 않은 옹고집쟁이. 그러다가 나이는 속절없이 먹어가 백발이 된 지 오래다. 거처랄 것도 없이 잠을 청하는 초가의 한구석은 얼마 전부터 무너져 내리기 시작했다.

강태공은 불쑥 자리에서 일어섰다. 익숙한 솜씨로 낚시 도구를 챙기고 길을 나섰다. 인적이 끊긴 세상의 외따로운 길 끝에 강이 있었다. 그 강은 그가 세상과 소통하는 유일한 통로였다. 그가 강에 드리운 것은 뜻밖에도 빈 낚싯대. 빈 낚싯대를 만진 지는 한 해 전. 서백(주 문왕)이 천하의 인재를 모으고 있다는 소문을 들은 후부터이다. 서백이 자신을 찾아올 것을 직감한 그는 만반의 준비를 마쳤다. 밤에는 밤새 공부를 하면서 세상의 흐름을 점검하고, 낮에는 강가에 나가 빈 낚싯대를 드리웠다.

그리고 마침내 인적이 끊긴 강에서 서백과 강태공이 만났다. 오랜 기다림 끝에 만난 두 사람. 세상을 휘어잡을 영웅의 만남에 불꽃 튀는 장면이 연출됐으리라. 만남은 변화를 뜻한다. 더욱이 두 영웅의 만남은 그 둘의 변화로 끝나지 않았다. 세상이 이에 동조하여 새로운 역사가 쓰여지기 시작한 것이다.

여기서 주목할 것은 강태공이 서백을 만났을 때의 나이다. 무려 70세라는 설도 있고 80세라는 설도 있다. 여하튼 당시의 수명을 생각하면 거동도 시원치 않았을 나이다. 웬

만한 사람이라면 자신의 능력을 알아주지 않은 세상을 원망하든지, 조급하게 세상에 나가 그 뜻을 펼치든지 했을 것이다. 그러나 그는 그 나이에 서두르지 않고 오히려 한 걸음, 아니 열 걸음 물러나 기다린 것이다.

기다림의 미학, 그 최고의 정수를 보여준 셈이다. 어지간한 사람이라면, 아니 대부분의 사람이라면 그대로 초야에 묻히는 것을 두려워했으리라. 허나 기다림은 허망한 것이 아니다. 그것은 목표에 이룰 수 있는 내적 확실성을 갖고 있다.

그 확실성은 다름 아닌 '기회'라는 성물聖物이다. 기회를 잡되, 확 움켜쥐기 위해서 서두르지 않고 기다린 것이다. 물론 서두른다고 기회를 잡을 수 있는 게 아니다. 때가 있는 것이고, 그전에 필히 만반의 준비를 해야 한다.

역사나 경험으로 볼 때 성공의 갈림길은 기회에 달려 있다. 기회를 잡고 못 잡고 간에 일의 성패가 갈린다. 허나 눈에 보인다고 기회를 아무나 잡을 수 있는 게 아니다. 흔한 오류가 '기회는 기다리면 온다'는 생각이다. 천만의 말씀, 기회는 저절로 오는 게 아니다. 기회를 포착하고 잡기 위해서는 철저한 노력과 준비가 있어야 한다.

준비는 세 가지 요소를 갖추어야 한다. 풍부한 지식과 정보가 그 하나이고, 예리한 판단력이 그 둘이며, 과감한 결단력이 그 셋이다. 지식과 정보가 있지만 그 기준과 원칙이 부족하면 제대로 된 판단을 할 수 없다. 이것이 저것 같고 저것이 이것 같은 격이다. 지식과 정보보다는 판단력이 중요하다는 얘기다. 판단력은 기회를 포착하는 능력이고, 결단력은 기회를 움켜쥐는 능력이다. 기회를 포착하는 것보다는 기회를 움켜쥐는 것이 더 중요하므로 판단력보다는 결단력이 더욱 절실한 요소이다.

평범한 사람과 평범하지 않는 사람의 차이는 바로 결단력에 있다. 결단력은 평범한 사람과 평범하지 않는 사람을 가르는 기준이다. 평범한 사람은 일반적으로 사려가 깊지 못하다. 자신이 처해 있는 상황을 이해하는 능력이 부족하다. 상황을 파악하는 능력이 부족하니 결단을 내릴 시기를 놓치고, 멈춰야 할 때 돌진하는 경향이 있다. 평범한 사람들이 흔히 하는 말이 있다. "내가 그때 그랬어야 했는데…."

강태공의 일화는 기회를 어떻게 잡는지를 보여준다. 강가에서 빈 낚싯대로 기회를 잡은 강태공의 모습은《주역》

의 이섭대천利涉大川으로 이어진다. 《주역》에는 이섭대천이라는 말이 자주 등장한다. 큰 강을 건너니 이롭다는 해석이다. 대천大川, 큰 내가 앞에 놓여 있다. 지극히 돌파하기 어려운 장애물이다. 무작정 나를 따르라 하고 건너야 하는가. 아니면 조금 멀찍이 떨어져서 지켜보면서 상황을 살펴야 하는가. 《주역》은 준비가 되어 있으면 망설이지 말고 돌파하라고 한다. 지혜로운 자는 때를 잃지 않고, 결단을 내리는 데 주저하지 않는 법이다.

즉, 수유부 광형 정길 이섭대천需有孚 光亨 貞吉 利涉大川이다. 정성껏 때를 기다리면 일은 대성하고, 불가능하다고 여겨지던 난사難事도 능히 돌파하리라고 보는 것이다. 난사를 돌파하면 당연이 커다란 이익이 있다. 한 차원 높은 경지에 도달할 수 있다. 생각 여부에 따라 난관은 장애물이 아니라 오히려 도약대가 될 수 있는 것이다.

반대로 때가 되었는데 움직이지 않는다면 어떻게 될까? 《주역》에서는 흉하고 본다. 결단의 시기에 결단을 내리지 못하면 더욱 큰 어려움이 닥칠 것이라고 경고하고 있다. 평범한 사람은 미래에 대한 불확실, 현실의 변화에 대해 불안감 때문에 주저한다. 우유부단으로 시기를 놓치면 그것으로 끝이다. 평범한 사람에게 기회는 한 번 오는 것이지 두 번 오는 법은 없다. 우유부단하게 평생을 살다가 한 번의 결단도 주체적으로 내리지 못하고 사라지는 가여운 인생이다.

《주역》의 코드는 당연히 변화이다. 주역의 역易이라는 글자를 보면 위는 해이고, 아래는 달을 빗대 표현한 것이다. 해가 뜨면 지고, 달이 차면 기우는 자연의 변화를 상징하고 있다. 이러한 자연의 변화는 한시도 쉬지 않고 흘러간다. 변화야말로 자연의 불변의 법칙이라 할까. 이 점을 상징하고 있는 것이다.

변화의 핵심코드는 당연히 시時다. 만물이 시의 흐름에 따라 변하는 것이다. 군자표변 소인혁면君子豹變 小人革面이라는 말이 있다. 군자는 표범의 무늬처럼 나날이 아름답게 변하고, 소인은 마음에도 없이 얼굴만 바꾼다는 말이다. 소인의 변화는 변화가 아니다. 그런 변화는 쓸데없는 에너지 낭비일 뿐이다.

《주역》에서 자주 나오는 단어가 길흉吉凶이다. 변화를 읽고 그에 대응하면 길하고, 대응하지 못하면 흉하다고 설명하고 있다. 변화가 만물의 근원인데, 이에 적극적으로 대응하지 못하는 인간들의 우매함에 수없이 경고장을 날리고 있다.

최근 세계적인 기업들이 잇따라 추락하는 것은 변화에 적극적으로 대응하지 못했기 때문이라는 지적이 나오고 있다. 실패학의 대가 시드니 핑켈스타인 교수에 따르면 최악의 CEO들은 공통적으로 적응력이 떨어진다고 한다. 환경 변화에 적극 대응하거나 이에 맞서 변하려는 의지가 약하다는 말이다.

다시 한 번 강조하지만《주역》의 핵심코드는 변화와 때이다. '때가 무르익었다' 또는 '때가 아직 무르익지 않았다'는 말은 결단을 내릴 때 중요한 전제조건이다. 때가 무르익었으면 자신의 의지를 적극적으로 확장해야 한다. 반면 때가 아직 무르익지 않았다면 자신의 의지를 멈춰야 한다.

《주역》에는 때와 관련하여 경고하는 말이 수시로 나온다. 한음등우천 하가장야翰音登于天 何可長夜(닭이 하늘을 나니 어찌 오래 머물 수 있겠는가)는 준비도 없이 행동하는 것을 나무라는 말이다. 새가 나니 흉하다는 말이 있다. 깃털이 다 자라기 전까지 새는 둥지에 머물러야 한다. 그럼에도 날고자 한다면 불행을 초래할 것이라는 의미다.《주역》의 앞머리에 나오는 잠용물용 潛龍勿用(물에 숨어 있는 용은 쓰지 않는다) 역시 때가 아직 무르익지 않았다는 말이다.

여기서 주목해야 할 것은 때가 무르익었다고 항상 적극적으로 돌진하라는 것은 아니다. 행동하다가 그 자리에서 멈추는 것도 적극적인 행동이다. 소위 '멈춤의 미학'이다.

16세기 일본을 평정한 도요토미 히데요시의 일화를 들여다보자. 막강한 요시모토 장군과 싸워서 큰 승리를 거둔 히데요시는, 기세를 몰아 전쟁터를 확장하기를 바라는 주군 오다 노부나가에게 말했다. "승리를 거뒀으니 투구의 끈을 조여야 할 때입니다."

승리한 뒤에 그가 선택한 것은 전쟁이 아니다. 동맹을 모색하는 등 잠정적 휴전에 들어갔다. 그 기간 동안 그는 자리에서 멈춰 서서 세상의 흐름을 읽었다. 일본 통일을 염두에 둔 멈춤이었다. 멈추는 것도 강력한 변화이다. 평범한 사람은 절대로 선택할 수 없는 변화이다. 운명을 바꾸는 방법 중 으뜸 되는 원칙은 멈춰야 할 때 멈추는 적극적인 변화 모색이다.

허나 사람들은 대부분 시세의 흐름을 무시하고 멈춰야 할 때 멈추는 적극적인 변화를 모색하지 않는다. 시세의 흐름에 따르기보다는 자신의 지식과 의지를 신봉하는 편이다. 때로는 어깃장을 놓으면서도 일을 처리하려고 한다. 자신이 갖고 있는 돈과 권력, 지식 등의 세속적인 힘으로 밀어붙이면 모든 것이 이루어지리라고 믿는다. 진정 우매한 믿음이다.

이러한 우매한 믿음의 신봉자들은 역사에서 항상 패배자로 기록돼왔다. 중국의 역사에서 춘추전국시대의 상앙, 오기, 문종과 한나라의 한신 등이 그 대표적 인물이다.

상앙은 춘추전국시대를 대표하는 유세객이다. 그는 진나라 효공을 찾아가 세 번이나 유세를 떨어 겨우 벼슬을 얻었다. 자신의 재능을 믿은 나머지 시세를 거역하고 앞으로 나아간 것이다. 그러나 역사는 결국 '그가 모반 혐의를 받아 그의 집안이 몰락하고 말았다'고 기술하고 있다. 멈춰야 할 때 멈추지 못해서 일어난 불상사이다.

역사가 수없이 이에 대해 경고장을 날리고 있지만 지금 이 순간에도 멈춰야 할 때 멈추지 못해 추락하는 인간군이 수두룩하다. 시기를 읽는 힘이 부족하기 때문이다. 이와 관련, 맹자는 다음과 같은 말을 했다. 궁즉독선기신 窮則獨善其身, 시기가 아닐 때는 세상에서 물러나 몸가짐을 소중히 하며 능력을 키우라는 말이다. 살다 보면 반드시 궁할 때도 있으니 그때에는 당황하지 말고 자신을 돌아보고 몸과 마음을 닦아야 한다는 메시지다. 멈춤에 대해서는 장자도 일갈했다. "바르게 살려면 한 발자국 앞에서 멎는 게 옳다."

멈추는 것은 고도의 기술이다. 어느 정도 경지에 이르지 못하면 멈추지 못한다. 평범한 사람들로서는 쉽게 도달할 수 없는 경지다. 경지에 도달하면 시세를 읽을 수 있는 능력이 배양된다. 시세의 흐름은 기미를 파악하면 드러나는 법이다. 기미는 움직임이 일어나는 미세한 징조이자, 마음에 품고 있던 어떤 생각이 외적으로 드러나는 메시지다. 평범한 사람들은 거기에 얽힌 메시지를 읽을 수 없다. 지식이 풍부하지만 욕심이 많은 사람 역시 읽을 수 없다. 오만, 두려움, 잘난 척, 자신을 드러내고 싶은 욕망 등이 얽히고설켜서 기미를 알아차리지 못하는 것이다.

기미는 미묘하고 사소해 보이지만 거기에 담긴 폭발력은 대단하다. 《주역》에서 기미에 대해 다음과 같이 말한다. 지기기신호知幾其神乎, 사물의 징조를 보고 재빨리 알아차리는 것은 그야말로 신이라고나 할까. 기미를 알아차리는 능력에 대해 경탄해 마지않는 해석이다.

앞서 얘기한 강태공의 이야기로 돌아가보자. 바람이 한 방향으로 불지 않는 것처럼 그도 자신에게 유리한 방향으로 바람이 불 때까지 기다렸다. 중요한 것은 자신에게 유리한 방향으로 바람이 불지 않는다고 서두르지 않았다는 것이다. 어려울수록 근본을 유지하고 경거망동하지 않는 게 중요한 포인트이다. 역사에서 증명하듯이 마침내 적당한 바람이 불은 직후 강태공은 서백을 만나 자신의 웅지雄志를 펼칠 수 있었다. 적당한 때에 올바른 행동으로 기회를 확 잡은 것이다. 강태공은 타이밍의 예술가인 셈이다.

강태공과는 전혀 다른 길을 걸은 인물이 있다. 기원전 3세기의 초패왕 항우이다. 그는 탁월한 능력을 지녔지만 적절한 때를 만나지 못했기에 자살로 생애를 마친다. 항우는 죽기 전 다음과 같은 노래를 불렀다. '힘은 산을 뽑을 만하고 기는 세상을 다 덮건만 때가 이롭지 않으니 오추마가 나가지 않네…'

항우의 생을 살펴보면 확실히 알 수 있는 게 하나 있다. 강하다고 해서 이길 수 있는 게 아니고, 지혜롭다고 해서 성공할 수 있는 게 아니다. 때를 만나지 못하면 모든 게 허사이다. 그래서 《주역》은 때의 중요성을 마다하지 않았다.

시지의대의時之義大矣, 말 그대로 때의 의미는 지대한 것이다. 《주역》의 사상 중 가장 중요한 것은 역시 때이다.

★ 기다림은 허망한 것이 아니다.
★ 기회를 잡기 위해서는 철저한 노력과 준비가 있어야 한다.
★ 멈추는 것도 적극적인 변화의 모색이다.

노예의 길에서
벗어나라

임제 | 《임제록》

Q **관리자의 고민**
관습적인 판단에
익숙해져 있습니다.

A **리더의 해답**
노예의 길을 걷고 있군요.
관습의 의존에서 탈출하세요.

10여 년 전의 일이다. 초등학생의 돈을 빼앗은 중학생 셋을 붙잡아 파출소로 끌고 간 일이 있었다. 왜소한 아이 셋은 파출소 한구석에 쪼그리고 앉아 있었고, 나는 겁에 질린 아이들의 얼굴을 보며 경찰에게 상황을 설명했다. 다소 흥분한 표정으로 이 중학생들이 초등학생의 돈을 빼앗아간 학생들이라는 것을, 그리고 내가 이들을 붙잡았다고 의기양양하게 얘기했다. 그러고는 아이들을 힐끗 바라보았다. 아주 냉정하게.

나는 아직도 그날의 내 모습을 기억한다. 다소 과장된 얼굴로 조금은 뻐기는 태도로, 그러고는 이내 무표정한 얼굴로 전환하는 나의 얼굴을 뚜렷이 기억한다. 다음 날 학교로 통보하겠다는 경찰의 말에 퍼렇게 질린 세 중학생의 얼굴을 잊을 수가 없다. 그보다도 어린 중학생을 바라보는 경박한 나의 얼굴이 좀처럼 잊혀지지 않는다. 평생 지워지지 않을지도, 아니 스스로 지우지 않을 것이다.

삶에는 두 가지 길이 있다. 주인의 삶과 노예의 삶. 우리는 자신의 삶이 주인의 삶이라는 것에 대해 한 치의 의심도 하지 않는다. 노예의 삶일지도 모른다는 의구심은 아예 존재하지 않는다. 그러나 어찌하랴. 주인의 삶에 반대되는 노예의 삶이 엄연히 존재하는 것을.

주인의 삶과 노예의 삶의 갈림길에는 단 하나의 표지판이 놓여 있다. 그것은 의존이라는 단어가 적힌 표지판이다. 의존하느냐 의존하지 않느냐는 주인의 삶과 노예의 삶을 가르는 중요한 기준이다. 의존하는 그 무엇의 범주가 좁을수록 주인의 삶이고, 그 무엇의 범주가 넓을수록 노예의 삶이다.

의존은 두 가지로 얘기할 수 있다. 첫째는 그 무엇에 영향을 받는 것을 말한다. 영향 받는 것이 왜 문제가 되는가? 영향을 받는다는 것은 독립성의 상실로 이어지기 때문이다. 스스로 일어설 수 없는 독립성의 상실은 주체로서의 자신을 포기하는 것을 말한다. 주체의 포기는 존엄성의 상실이다. 자신의 삶을 스스로 결정할 수 있는 능력이 부족한 자는 인간으로서의 존엄성에 훼손이 생기는 것이다. 존엄성의 상실은 인간 존재로서 가장 비참한 일이다.

둘째는 내가 무력하다는 것을 선언하는 것이다. 어떤 일을 할 수 없다는 무력감은 굴욕에 그대로 노출돼 있다. 물론 굴욕이 항상 실현되는 것은 아니다. 다만 그 무엇이, 혹은 타인이 그에게 선처를 하지 않는 한 그 굴욕에서 벗어날 수 없다.

살불살조殺佛殺祖. '부처를 만나면 죽이고 조사를 만나면 조사를 죽이라'는 섬뜩한 뜻을 지닌 이 말은, 일본의 가와바타 야스나리가 노벨문학상을 타면서 한 말로 유명해졌다. 원래 이 말을 한 사람은 중국 당나라 선승인 임제 의

현이다. 그의 제자 삼성 혜연이 엮은《임제록》에 수록되어 있다. 부처를 죽이라는 말은 서양 기독교인의 입장에서는 예수를 죽이라는 말이나 마찬가지이니, 이해할 수 없는 말이었을 것이다. 아니 동양인의 입장에서도 난해하기는 마찬가지다. 이해가 어려운 만큼 이 말이 주는 충격은 상상하기 어려울 정도로 강력하다.

이 말의 요지는 그 무엇에도 의존하지 말라는 것이다. 그 무엇에는 삶에 막대한 영향을 끼치는 스승과 부모가 포함된다. 자신의 삶을 주인으로서 살아가려면 소중하다고 여겨지는 모든 것들을 쳐낼 수 있는 결기가 있어야 한다는 것이 살불살조의 정신이다.

사실 어느 정도 경지에 오르면 우리는 소중하다고 여기는 것들은 삶에서 하나의 정거장일 뿐이라는 것을 알 수 있다. 목적지가 아니라는 말이다. 우리는 정거장에 머물려고 이 세상에 태어난 것이 아니다. 정거장은 잠시 쉬면서 정비를 하는 곳이다. 가야 할 길은 아직 멀었다. 시간이 되면 정거장을 서둘러 떠나야 한다. 떠나지 못하면 우리의 삶은 정체된다. 정체는 박제된 삶이다. 이대로 머물다가 산산이 부서져 허공 속으로 사라져갈 뿐이다.

살불살조는 삶을 생생하게 살아가는 자들의, 주인으로서의 삶을 살아가는 자들의 근본 원칙이다. 살불살조의 정신이 삶의 모든 곳에 뿌리를 내리면 내릴수록 우리의 삶은 주인의 길을 걷고 있는 것이다.

주인의 삶은 품격 있는 자들의 삶이다. 아무리 물질적으로 풍족하다 해도 그 무엇에 예속돼 있는 노예의 삶이 품격 있다고 말할 수는 없다. 허나 품격을 지키기 위해서는 커다란 대가가 필요하다. 그 무엇을 소중하다고 여기는 순간 그것을 버릴 줄 아는 용기가 있어야 하고, 난관에 봉착할 때 그 무엇에 의존하고 싶은 마음을 수시로 가다듬어야 한다. 험난한 길이다.

살불살조, 그 무엇에 대한 의존을 버린다는 말은 부처와 조사 혹은 스승과 부모에만 해당하는 것이 아니다. 시야를 넓게 가져가보자. 삶의 현장 곳곳에 스며든 모든 부와 권력, 권위 그리고 우리들의 모든 욕망과 관습도 해당된다. 특히 부와 권력, 권위 등 사회적 힘에의 의존은 우리를 굴욕적인 삶, 노예의 길로 이끌고, 개인적 욕망에서 벗어나지 못하는 것은 우리를 알게 모르게 강박적인 삶, 노예의 길로 끌어내리는 것이다.

주인의 길에는 자유가 있고, 노예의 길에는 의존이 있다. 자유와 의존 사이의 간격에는 영향이라는 영역이 있다. 우리는 영향의 범주를 과소평가하는 버릇이 있다. 영향의 영역은 좁을수록, 그리고 그 기간은 짧을수록 좋다. 의존과 밀접한 관계가 있기 때문이다.

그 무엇에 영향을 받는 것과 주는 것에 대한 예리한 고민이 있어야 한다. 영향의 영역이 삶의 여정에서 소중한 것을 좌우하기 때문이다. 그것은 자유이다. 영향을 받는 영역만큼 우리는 자유롭지 못하다. 자유는 인간 존재의 궁극적인 가치다. 자유보다 더 높은 이상은 없다. 인류 역사는 자유를 획득해가는 과정이었다.

자유로운 삶, 그것은 주인의 길이다. 의존의 삶, 그것은 노예의 길이다. 허나 우리는 그 갈림길에서 잠시 머뭇거린다. 어디로 갈지 모르겠다는 것은 순박한 고민일 것이다. 주인의 길이 어느 길인지 알면서도 노예의 길을 선택하는 사람들이 있다. 타인에게 의존하는 삶이 차라리 낫다고 생각하기 때문이다. 그것은 작은 이기심의 발로이다. 이런 이기심은 남에게 피해를 주지 않는 한 책망할 것이 아니다.

허나 존재로서의 삶을 살아가려는 우리는 주인의 길을

선택하는 데 주저함이 없어야 한다. 독립과 주체, 자존 중심으로 엮어지는 주인의 길을 두고 하는 말이다. 어떤 상황에서든 무력감과 굴욕, 예속으로 이어지는 노예의 길을 당당히 거부해야 한다.

　다시 한 번 의존의 영역을 생각해보자. 우리는 돈의 노예가 되지는 않았는지. 권력의 하수인으로 전락하지 않았는지. 관습의 희생양이 되지는 않았는지. 욕망의 노예가 되지 않았는지. 여기서 특히 문제되는 영역은 욕망과 관습의 영역이다. 부와 권력에 의존하는 삶에 대해서는 많은 사람들이 비난을 하지만, 욕망과 관습에 휘둘리는 삶에 대해서는 이렇다 할 비판의 소리가 적은 탓에 대부분 문제의 심각성을 잘 모르고 지나간다. 욕망과 관습을 무비판적으로 받아들이는 삶은 생생하지 못하다. 박제된 삶이나 마찬가지다. 박제된 삶에는 자유가 날아다닐 수 없다.

　앞서 얘기한 10여 년 전 사건으로 돌아가보자. 초등학생의 돈은 뺏은 중학생들을 나는 관습의 시선으로 바라보았다. 그 아이들이 한 번 잘못한 것이 아니라 상습적인 것이 분명하다는, 비행청소년이라는 낙인을 찍은 채. 잘못을 했으니 벌을 받는 것은 마땅하겠지만, 일을 그렇게까지 크게 만들 필요는 없었다. 학교에 알리겠다는 경찰의 한마디에 퍼렇게 질린 것을 보면 그렇게 나쁜 아이들은 아니었을 텐데 말이다. 아이들의 겉모습을 보고 관습대로 판단했던 것이다.

나 역시 이제라도 노예의 영역에서 벗어나 주인의 길을 걸어야 한다. 그 시발점은 10여 년 전 그 우울한 파출소 장면으로부터 벗어나는 것이다. 그 길이 관습으로 굳어진, 관습에 의존하는 사고와 행동으로 어그러진 길에서 벗어나는 비상구이다. 그 길은 또한 더 나아가 감정과 욕망, 돈과 명예, 권력에 의존하지 않고, 폭력에 굴복하지 않는 길로 이어지는 탈출구이다. 탈출은 살부살조의 정신으로만 가능할 것이다. 품격 있는 삶 또한 가능할 것이다.

★ 무엇에도 의존하지 말라. 스승과 부모라 할지라도.
★ 관습에 의존하는 사고와 행동을 과감히 버려라.

"

단순하게 살라,
제발 단순하게 살라

데이비드 소로 | 《월든》

"

Q **관리자의 고민**
삶의 짐이 갈수록 늘고 있습니다.

A **리더의 해답**
거추장스럽지 않은
소박한 삶을 지향하세요.

요즘 들어 단순하게 살고 싶다고 말하는 사
람들이 많아졌다. 단순한 삶. 말이 쉽지 실천하기는 정말
어렵다.

또 흔히 나이가 들면 삶이 단순해진다고 생각하지만 그
렇지 않다. 나이가 들수록 삶은 더 단순해지지 않는다. 삶
의 짐은 나이에 비례해 더욱 무거워지고, 그만큼 삶 또한

복잡해진다. 삶의 짐은 세월의 흔적이다.

단순한 삶을 사람들은 흔히 물질과 연관시켜 생각한다. 허나 단순한 삶이란 부유한 삶의 반대말이 아니다. 적게 소유한다고 해서 단순한 삶을 사는 것은 아니다.

결론부터 얘기하자면 단순한 삶은 가난한 자의 삶이 아니다. 한때 회자되던 무소유도 단순한 삶을 표방하는 말이 아니다. 물론 외면의 간소한 삶은 단순함을 이끄는 하나의 요소임에는 분명하다. 보다 본질적인 것은 내면의 간소함이다. 욕망과 갈등, 희망, 바람 등으로 이글거리는 내면을 정리하지 않고 겉으로만 간소한 삶은 결코 단순한 삶이 아닌 것이다.

19세기 미국 작가 헨리 데이비드 소로는 《월든》에서 단순하고 소박한 삶을 이야기했다. "간소하게, 간소하게, 간소하게 살라. 제발 바라건대 여러분의 일을 두 가지나 세 가지로 줄일 것이며…" 자본주의 사회에서 소박하게 사는 것은 정말 어려운 일이다. 성서에 나오는 말처럼 '부자가 천국에 가는 것'만큼이나 어려운 일일 것이다.

소로는 이런 말도 했다. "나는 나의 청빈에 아무런 손상을 입히지 않고도 잠시 동안이나마 부자가 된 경험을 갖게 되었다. 그러나 나는 농장의 경치만은 그대로 소유하기로 했으며, 그 후에도 손수레를 사용하는 일 없이 해마다 경치의 소득을 거두어왔다." 경치의 사용권이라니, 얼마나 멋진 말인가. 소로는 소박한 삶의 핵심으로 사용권이라는 개념을 내놓았다. 모두들 소유를 외치고 있는데 그는 소유권 대신 사용권을 주장한 것이다.

"나는 내가 바라보는 모든 것의 군주이며 세상에 내 권리를 의심하는 자는 하나도 없다." 소로는 이렇게 말했다. 소박한 삶에 대한 당당한 선언이다. 그가 살았던 호숫가의 오두막은 정신적 삶의 개발을 위한 가치 면에서 하나의 왕궁이었고, 그는 세상을 지배했다던 알렉산더 대왕보다도 더 넓은 지역을 관장하는 군주였다. 그의 영토는 눈에 보이는 곳, 우주까지 뻗혀 있었다. 물질적으로 가진 것은 없으나 그 어떤 부자보다도 더 기쁜 정신적 희열을 노래했다. 그는 매일 아침이 '나의 삶을 자연 자체만큼이나 단순하고 순결하다고 말할 수 있게 만드는 활기찬 초대'라는 것을 느꼈다.

이쯤에서 소박한 삶이 무엇인지 다시 정리해보자. 소박素朴의 어원은 하얀색의 무늬 없는 천이다. 따라서 소박한 삶은 말 그대로 있는 그대로의 삶, 인위적 조작이 없는 삶, 자연의 삶을 뜻하는 것이다. 겉으로는 거추장스럽지 않고 내면에서 우러나오는 대로 사는 삶이다. 겉만 단출한 삶은 결코 소박한 삶이 아니다. 특히 내면적으로 자유롭지 않으면 안 된다. 내면의 자유는 기억·경험·이상·사상·지위·관습·신념·권위·헛된 희망 등으로부터 벗어나는 것을 말한다.

내면이 자유로워지려면 두 가지를 버려야 한다. 그것은 시간과 욕망이다. 시간과 욕망으로부터의 자유, 그것이 단순한 삶의 요체다.

먼저, 시간으로부터의 자유. 대표적인 것이 경험이다. 경험에 사로잡힌 사람은 과거의 시간이 주는 고통과 쾌감으로부터 자유로울 수가 없다. 지금 이 순간을 살아야 할 사람이 과거에 사로잡혀 우왕좌왕하는 것이다. 미래의 희망 때문에 지금 이 순간을 놓치는 사람들도 마찬가지다. 과거와 미래라는 시간이 삶을 복잡하게 만든다.

경허 스님과 그 제자 만공의 이야기다. 스승과 제자가 길을 걷는데, 먼저 제자가 말한다. "아까 주막에서 체통을 지키셨어야지요." 스승이 되묻는다. "체통이라니. 무슨 말이더냐?" "주모의 가슴을 보고 음담패설을 하셨잖아요."
그러자 스승이 껄껄 웃으며 다음과 같이 말했다. "야 이놈
아, 넌 아직도 그 여인을 마음에 담고 있느냐? 주막을 떠나
면서 그 여인을 잊어야지, 넌 아직도 그 여인을 생각하고
있느냐? 이미 흔적도 없는 허상에 집착하는 이 바보 같은
놈아!"

스승과 제자의 태도는 극명하게 갈린다. 스승은 전혀 거
칠 것이 없는데, 제자는 한참을 마음속 갈등으로 끙끙대다
가 스승에게 대들었다. 스승은 허상에 사로잡혔다고 제자
를 꾸짖는다. 허상이라, 뜻밖의 말이다.

그런데 무엇이 허상인가. 그리고 무엇이 실상인가. 허상
은 견고한 담이다. 삶을 둘러친 저 견고한 담을 부술 방법은
무엇일까? 스승은 제자를 몰아세운다. '넌 아직도 그 여인
을 생각하고 있느냐'는 스승의 한마디에 제자는 머리가
하얘졌다. 자신을 지탱해온 계율, 도덕, 관념이 일거에 부
서져버린 것이다. 무엇을 위한 사상이고 도덕이었던가?
계율에 얽매인다는 것이 삶에서 어떤 의미가 있단 말인
가? 제자는 충격에서 헤어날 수 없었다.

이 일화에서 스승이 얘기하고자 하는 것은 경험과 이미

지를 쌓아두지 말고 버리라는 것이다. 경험과 이미지로 대표되는 과거의 시간은 쌓아두는 게 아니다. 강물이 흐르듯이 흘려보내야 한다. 새로운 삶이 들어설 자리를 만들기 위해서라도 흘려보내야 한다. 경험과 이미지로 꽉꽉 채워진 마음 어느 곳에 빈자리가 있단 말인가. 새로운 삶이 들어올 자리는 어디에도 찾을 수 없다. 미래의 시간도 마찬가지다.

경험과 이미지는 삶을 신선하게 만나는 데 장애물이 된다. 삶의 실재와 진실도 마주할 수 없게 된다. 삶의 진실을 맞닥뜨리는 데는 복잡함이 필요 없다. 학식과 지식, 경험과 관습은 오히려 걸림돌이 될 뿐이다. 삶의 실상과 허상을 단숨에 파악하는 것은 단순한 삶에서 가능한 일이다. 단순한 삶을 강조하는 것은 바로 이 때문이다.

또 단순한 삶을 완성하기 위해서 중요한 것은 욕망으로부터의 자유다. 시간으로부터의 자유 못지않게 중요하다. 욕망이 왜 문제인가? 삶을 조건화하고 복잡하게 만들기 때문이다. 욕망으로 뒤덮인 세상은 너무 복잡하다. 매일 뉴스를 장식하는 것이 욕망에서 빚어지는 일들이다. 이상·신념·관념·권력·지위 등의 욕망이 충돌하고 있다. 거미줄이 이리저리 얽힌 것과 같다. 이 복잡함을 풀어낼 재간이 도무지 보이지 않는다.

그러고 보면 단순한 삶은 평범한 사람들이 선택하고 실천할 수 있는 성질의 것이 아니다. 시간과 욕망으로부터의 자유는 고도의 각성과 이를 실천하려는 강력한 의지를 필요로 한다. 보통의 에너지로서는 시간과 욕망으로부터의 탈출은 불가능하다.

이제 중요한 질문을 할 때가 됐다. 그럼에도 불구하고, 누구나 인정하는 복잡한 삶 대신에 엄청난 각성과 의지를 필요로 하는 단순한 삶을 선택해야 하는 이유는 무엇인가? 다시 소로의 말을 빌려보자. "자신의 생활을 소박한 것으로 만들면 만들수록 우주의 법칙은 더욱더 명료해질 것이다. 이제 고독은 고독이 아니고 빈곤도 빈곤이 아니며 연약함도 연약함이 아닐 것이다." "우주의 법칙은 결코 무감각해지는 일이 없으며 영원히 예민한 사람의 편에 선다."

소로는 '명료'와 '예민'이라는 단어를 썼다. 예민해야 사태를 명료하게 단숨에 파악할 수 있는 것이다. 이성적인 파악이 아니라 본능적인 파악이다. 이성은 삶을 복잡하게 만들 뿐이다. 소박한 삶을 위해서는 이성이 필요한 것이 아니라 예민한 정신이 필요한 것이다.

예민한 자는 항상 새로운 것을 받아들일 준비가 되어 있다. 예민하다는 것은 온몸이 깨어 있다는 말이다. 온몸이 깨어 있을 때 햇볕의 부드러움과 나뭇잎을 움직이는 바람소리가 생생하게 들여온다. 모든 것이 매 순간 새롭게 보이고 모든 것이 활력으로 가득 찬다. 소로는 《월든》 결론 부분에서 다음과 같이 말했다. "단순한 시간의 경과만 가지고는 결코 동트게 할 수 없는 아침의 성격인 것이다. 우리의 눈을 감기는 빛은 우리에겐 어두움에 불과하다. 우리가 깨어 기다리는 날만이 동이 트는 것이다."

예민하고 깨어 있는 자만이 매일 아침 뜨는 태양이 다르다는 것을 알 수 있다. 예민한 자만이 인생의 본질, 진실과 맞닥뜨릴 수 있다. 인생의 본질, 진실은 결코 모호하지 않다. 태양처럼 명료하다. 소박한 삶은 삶의 본질을 인도해주는 길이다. 그 길은 예민한 감수성과 명료함이다. 소박한 삶을 실천해야 하는 이유는 바로 이 때문이다. 한마디로 인생의 본질, 진실과 맞닥뜨리기 위해서다. 소박한 삶, 단순한 삶은 모든 삶 중에서 절대적 우위를 점하고 있다. 모든 우주의 법칙, 세간의 법칙이 여기에서 비롯된다면 비약일까.

역사를 살펴보자. 중국 첫 번째 통일국가인 진나라를 무너뜨린 한나라의 유방은, 요동치는 백성들을 어떻게 다스렸을까. 그는 단 세 가지 법만 지키라고 했다. 살인하지 말고, 남을 해치지 말며, 도둑질하지 말라는 것이었다.

사마천의 《사기》에 따르면 주나라 주공은 이런 말을 남겼다. "정치가 복잡하고 어려우면 백성과의 사이에 거리가 생긴다. 간단명료할 때 백성은 스스로 정치를 즐겨 따르게 된다."

이간이천하지리득의 易簡而天下之理得矣. 쉽고 간단해야 천하를 얻는다. 《주역》에 나오는 말이다. 정치·경제·사회·문화 모든 분야에서 위대한 리더는 단순함을 추구한다. 이들은 사건과 사물을 단순화하는 데 뛰어나다. 일을 처리하는 데 군더더기가 없다.

GE의 수장이었던 잭 웰치 역시 단순함의 가치를 강조했다. "사람들이 단순하게 말하는 일을 얼마나 어려워하는지, 단순해질까 봐 얼마나 두려워하는지를 알면 여러분은 아마 엄청 놀랄 것이다. 명석하고 굳건한 사람들만이 단순해질 수 있다."

이처럼 많은 리더들이 단순함을 선호하는 이유는 무엇일까? 간단하다. 복잡성은 일을 모호하게 만들지만, 단순성은 일의 본질로 직접 인도하기 때문이다. 뛰어난 일처리는 대개 한두 가지 방향으로 그리고 단지 몇 개의 단어로 요약된다.

소박한 삶을 다시 정리해보자. 우리를 둘러싼 삶의 환경은 너무 복잡하다. 복잡함을 풀기 위해 화려한 지식, 풍부한 경험은 필요하지 않다. 똑똑해질 필요도 없고, 신념과 주의, 이념으로 똘똘 뭉칠 필요도 없다. 그저 단순하고 소박하면 된다. 소박한 정신만이 직접적으로 사물의 본질을 볼 수 있다.

★ 단순성은 일을 본질로 인도한다.
★ 소박한 정신을 가진 자만이 사물의 본질을 볼 수 있다.

> **당신은
> 행복한가?**
>
> 알랭 | 《알랭의 행복론》

관리자의 고민
Q 행복해지고 싶습니다.

리더의 해답
A 결심하십시오.
행복해지기를.

얼마 전 들은 이야기 하나가 행복에 대해 다시 한 번 생각하게 만들었다. 정신질환을 앓고 있는 남편을 둔 부인의 이야기다. 부인은 수시로 발작을 일으키는 남편을 돌봐야 해서 잠시도 그 곁을 떠날 수가 없었다. 수년째 부인은 남편의 병수발을 묵묵히 감내하고 있었다. 그런 그녀가 자신은 행복하다고 말했다는 것이다.

이유는 단 하나였다. 하루 40분, 자신만의 시간을 찾은 것이다. 집 근처에서 30분 동안 바이올린을 연습하고 10분 이내에 쏜살같이 집으로 돌아온다. 이 40분은 자신이 없더라도 남편은 발작을 일으키지 않는 시간이다.

이 부인에게 40분이 주는 행복은 컸다. 남들 같으면 분노와 원망으로 가득 차 있었을, 어느 모로 보나 행복과는 거리가 멀 것 같은 부인이 그 40분 덕분에 행복하다고 말한 것이다.

진정한 행복은 과연 무엇일까? 먼저 이해할 것은 고통이다. 무엇보다 생로병사로 일컬어지는 고통을 겪지 않는 삶은 없다. 인간관계의 고통도 만만치 않다. 우리는 삶 속에서 고통이란 존재를 인정해야 한다.

삶 속에서 시시각각 드러나는 고통의 원인으로 무지와 그릇된 욕망을 꼽을 수 있다. 이를테면 영원한 것에 집착하는 것은 인간의 무지를 단적으로 드러내는 것이다. 영원한 생명, 영원한 사랑, 영원한 약속, 영원한 돈, 영원한 권력 등은 인간의 삶 속에는 들어 있지 않다.

소유와 집착으로 이어지는 인간의 욕망도 고통을 일으

키는 원인이다. 특히 돈에 대한 집착은 인간을 극단의 고통으로 몰고 가는 일이 허다하다. 고통은 행복과 불행을 가르는 잣대다. 고통이 많을수록 불행하고, 고통이 적을수록 행복하다. 사람들이 행복하다가도 불행하고, 불행하다가도 행복한 것은 바로 고통의 농단 때문이다.

고통이 없는 상태가 바로 행복이다. 더 이상의 고통이 없는 경지에 이를 때 인간은 행복감을 크게 느낀다. 이것이 진정한 행복이다. 진정한 행복 상태에서는 인간의 마음은 두 가지로 정리가 된다. 평정심과 생명력이 바로 그것이다. 행복이라는 새의 왼쪽 날개는 평정심이고 오른쪽 날개는 생명력이다. 양 날개는 절묘한 조화를 이룬다. 한쪽 날개만으로는 날기 버겁다.

진정한 행복 상태를 이끄는 한쪽 날개, 평정심을 살펴보자. 평정심은 마음이 바람 없는 호수처럼 고요하다는 것이다. 고요하다는 것은 어떠한 상황에서도 흔들리지 않는다는 것이다. 고대의 철학자들도 이 점에 주목했다. 흔히 금욕주의로 알려진 스토아학파가 강조한 '아파테이아'의 경지가 바로 평정심이다. 또한 쾌락주의로 알려진 에피쿠로스학파의 '아타락시아' 역시 고요함, 즉 평정심을 말하는 것이다. 아파테이아나 아타락시아 모두 행복한 삶을 위한 필요조건이다.

진정한 행복 상태를 이끄는 또 다른 날개는 생명력이다. 생명력은 삶을 항상 새롭고 신선하게 만든다. '태양은 날마다 새롭다'고 고대 철학자 헤라클레이토스는 말했다. '죽은 자는 죽은 자들로 하여금 장사 지내게 하라'는《성경》구절도 생명력을 강조한 것이다. 여기서 언급한 죽은 자들은 육체적으로 죽은 자들을 말하는 것이 아니다. 생명력이 없는 자들이다. 무감각하고 지루한 삶을 살아가는 자들을 말한다. 행복에 이르는 길을 찾지 못하는 우매한 자들의 둔감함을 꾸짖는 것이다.

생명력이 넘치면 어떤 일이라도 할 수 있을 것 같은 의기가 치솟고, 마음이 충만하다. 마음이 충만한 상태에서는 세상과 내가 하나가 된다. 내가 세상이고, 세상이 나인 상태에서는 자신에게 주어진 운명과 세상을 온전하게 받아들인다.

진정한 행복은 외적 이득이 아니라 내적 만족에 있다. 내적 만족은 치열성을 요구하기에 행복에 이른다는 것은 정말 어려운 일이다. 반면 불행해지는 것은 어려운 일이 아니다. 외적 조건을 부단히 추구하면 된다. 남들을 따라 하면 된다. 사람들은 흔히 행복의 요인으로 돈이나 사회적 성공과 같은 외적 조건을 꼽지만, 이런 외적 조건은 행복을 떠받드는 버팀목이 되지 못한다. 우리는 외적으로 성공한 사람들이 행복하지 않은 경우를 얼마든지 찾아볼 수 있다.

　우화 하나를 소개해본다. 한 노파가 거리에서 무언가를 찾고 있었다. 그러자 눈이 안 좋은 노파를 도우려고 사람들이 몰려들었다. "무엇을 찾고 계십니까?" 노파가 별거 아니라는 듯이 심드렁하게 말했다. "바늘을 찾는다네."
　사람들이 너도나도 바늘을 찾기 시작했지만, 찾을 수가 없었다. 길은 넓고 바늘은 너무 작았기 때문이다. 게다가 날은 점점 어두워지고 있었다. 사람들이 노파에게 물었다. "바늘을 이 거리에서 잃어버린 게 확실하세요?" 노파가 움직임을 멈추고 한심하다는 듯이 말했다. "아니, 집 안에서 잃어버렸다네." "그런데 왜 여기서 찾으세요?" 사람들의 물음에 노파가 이렇게 답했다. "집 안은 어두워. 그런데 여기는 빛이 있잖아."
　인간의 마음은 가만히 있지 못한다. 무엇인가를 찾는다.

문제는 그 '무엇인가'를 모른다는 데 있다. 그냥 무작정 찾는 것이다. 그 무엇은 모호하고 아리송해 안개 같다.

우화를 다시 살펴보자. 노파는 바늘을 찾는 장소부터 잘못됐다. 노파가 찾는 것은 집 안에 있다. 집 안이 처음에는 어둡더라도 어둠에 익숙해질 때까지 기다려야 한다. 행복도 마찬가지다. 외부에서 찾을 필요가 없다. 내부에 있다는 것을 깨달으면 되는 것이다. 하지만 우리는 각자 그것을 깨닫기까지 수많은 시행착오를 겪을 것이다.

우리는 그 시행착오를 줄여야 한다. 그러기 위해 다음 네 가지를 기억해보자. 첫째 행복은 선택이다. 행복한 것은 행복을 선택했기 때문이다. 불행 역시 마찬가지다. 불행을 선택했기에 불행한 것이다.

둘째 행복은 배움이다. 긍정적인 감정과 부정적인 마음이 끼치는 영향력을 배우고, 긍정을 생활화해야 한다. 그런 다음 어려운 상황에서도 평상심을 회복하는 능력인 정서회복력과 불행한 상황을 딛고 일어서는 회복탄력성을 온몸으로 일깨워야 한다. 긍정마인드의 습관화는 평생을 걸쳐 해야 할 공부이다.

셋째 행복 추구가 행복을 더 멀어지게 만들 수 있다는

것이다. 행복을 추구하다가 오히려 불행으로 미끄러지는 경우가 많다. 행복의 추구가 '월렌다의 효과'를 낳는 것이다. 이는 최고의 고공 줄타기 선수였던 월렌다가 잘 타려고 줄을 너무 의식을 하며 실패를 걱정한 나머지 실족사한 사건에서 비롯된 말이다. 행복을 너무 의식해선 안 된다.

넷째 남들도 똑같이 행복을 원한다는 것이다. 자신이 행복해지려면 남을 행복하게 해주어야 한다. 서로 함께하자는 생각이 중요하다.

서두로 돌아가자. 이 부인은 고통스러운 상황 속에서도 마음의 평정과 생명력을 잃지 않았다. 스스로 고통을 최소화시켰고, 자기 안에서 행복을 찾았다.

이 부인을 보면 확신이 선다. 행복은 반드시 찾아온다. 아니 찾을 수 있다. 그러니 우리도 세상을 바라보는 시각을 바꾸자. 불행과 체념적인 숙명에 익숙한 시야를 버리고 행복을 바라보는 시야를 선택하는 것이다. 어떤 상황에서도 행복하려고 노력하라. 행복해지겠다고 하는 순간 우리의 뇌는 신경회로가 변하기 시작한다. 뇌가 인식한 대로 세상은 만들어지는 것이다.

그러니 남녀노소를 불문하고, 그대가 누구이든 간에 행복해지기를 결심하라. 주변 환경이 변하기를 기다리지 말라. 바로 지금 이 순간 결심하라. 혹 상황에 따라 당신의 행복이 달라진다면 상황을 행복에 맞게 변화시켜라.

《알랭의 행복론》에는 다음과 같은 구절이 나온다. "행복이란 스스로 만드는 것이다. 그리고 자신이 스스로 만드는 행복은 절대로 그 사람을 속이거나 피하지 않는다." 그리고 이런 구절도 있다. "분명한 것은 행복해지를 원치 않으면 행복해질 수 없다는 것이다. 그러므로 우선 자기가 행복해지기를 원하고 이를 만들어가야 한다."

★ 영원에 집착하지 마라.
★ 행복은 선택과 배움의 대상이다.

믿을 수 없을지라도 믿는 것이
진정한 믿음이다

《성경》

"

《성경》 창세기를 보면 아브라함과 이삭의 이야기가 나온다. 하나님이 아브라함을 시험하시려고 그를 불러 아들 이삭을 데리고 모리아 땅으로 가 번제로 드리라 했다. 그에 아브라함은 번제 나무를 가져다 아들 이삭에게 지우고 자기는 불과 칼을 들고 길을 나섰다. 하나님이 일러주신 곳에 이르러 아브라함이 제단을 쌓고 아들을 잡으려 하니, 하나님이 이삭에게 손대지 말라 하며 아브라함이 자신의 말을 행하여 독자도 아끼지 아니하였으니 큰 복을 주고 그 아들로 번성하게 하리라 약속했다는 내용이다.

생각해보자. 아브라함에게 이삭은 백 살에 겨우 얻은 하나뿐인 아들이었다. 그런데 그는 아들을 번제로 바치라는 명령에 말 한마디 하지 않고 모리아 땅으로 여정을 떠났다. 그의 심정이 어땠을까. 한 걸음 한 걸음 걸을 때마다 가슴이 찢어지지 않았을까. 아마도 그는 이런 생각을 하지 않았을까. '아직은 되돌아갈 수 있다. 그저 돌아서서 왔던 길을 따라 가면 된다. 그러면 사라가 달려와 그녀의 영원한 기쁨인 이삭에게 입맞춤을 할 것이다. 그리고 아내가 정성스레 마련한 저녁 만찬을 먹으면 그것으로 모든 게 족하리라….'

이 여정에서 유일하게 나온 대화는 이것이다. "불과 나무는 있거니와 번제할 어린 양은 어디 있습니까?" 이삭의 물음에 아브라함이 답했다. "번제할 어린 양은 하나님이 자기를 위하여 친히 준비하시리라." 아브라함은 신을 의심하며 집으로 돌아가고 싶다는 유혹에 흔들리지 않고 결단을 내렸다. 여기서 우리는 믿음 속에 숨어 있는 새롭고도 강력한 코드를 찾을 수 있다.

그 코드는 불확실, 보이지 않는 것, 부조리 등이다. 진정한 믿음은 이치가 통용되는 상황이 아니라 부조리한 상황에서 보이지 않으면서도 불확실한 것에 대한 믿음이 진정한 믿음이라는 말이다. 그런 믿음만이 두려움을 이겨낼 수 있는 강력한 힘이라는 것이다.

세간의 이치를 따르자면 아브라함은 집으로 되돌아가서 사랑스런 자식인 이삭과 아내인 사라와 만찬을 즐겨야 한다. 그러나 아브라함은 그 확실하고 명백해 보이는 것을 거부하고, 신의 부조리한 명령을 충실히 이행했다. 그는 그 윤리에 어긋난 명령을 이해할 능력도, 이겨낼 힘도 없었다. 그럼에도 그는 신의 명령을 믿고 따랐다. 키에르케고르의 표현대로 '그는 부조리의 힘으로 믿었다.'

부조리란 말 그대로 조리에 맞지 많은 것을 말한다. 이성의 범주에 속하지 않는 비합리적인 영역에 속하는 단어다. 삶은 이해할 수 없기에 부조리하다. 허나 그 이해할 수 없음이 바로 믿음의 전제조건이다. 이해할 수 있는 것을 믿는 것은 진정한 믿음이 아니다. 이해할 수 없음에도 불구하고, 불확실성이 농후함에도 불구하고 믿는 것이 진정한 믿음이다.

'부조리함에도 불구하고 믿는다'는 말에는 타산이 개입

될 여지가 전혀 없다. 인간사에 항상 존재하는 계산적인 사고와 행동은 전혀 힘을 발휘하지 못한다. 여기에서 타산은 하찮고 별 가치 없는 이치일 뿐이다.

그만큼 믿음은 쉽게 접근할 문제가 아니다. 믿음은 이치의 차원을 넘어서는 결단을 필요로 한다. 그것은 극도로 인간적인 요소이다. 키에르케고르는 이에 대해 "참으로 인간적인 것은 정열이고, 믿음은 인간에게 있어서 최고의 정열이다"라고 했다. 그는 또 "최고의 정열을 요구하기에 한 인간의 전 생애를 통해 수행하기에는 항상 벅찬 과제가 믿음"이라고 했다.

아브라함은 인류의 후손들에게 믿음에 대한 새롭고도 전율적인 해석을 제시했다. 앞서도 말했듯이 부조리한 상황에서도 보이지도 않고 불확실한 것을 믿는 것이야말로 진정한 믿음이라는 해석 말이다. 확실한 것, 눈에 보이는 것, 자신에 이로운 것, 완벽한 것만을 믿는 특히 21세기를 살아가는 현대인들에게 강력한 경종을 울리고 있는 것이다.

아브라함의 믿음을 다른 각도로 살펴보면 삶의 통찰력이 보인다. 삶은 불확실하고 불안정하며 결코 명확하게 드러나는 법이 없다는 통찰 말이다. 이 세상에서 확실성이 지배하는 영역은 수학뿐이다. 1＋1＝2는 확실한데 일상에서는 하나 더하기 하나는 하나가 되기도 하고 여럿이 되기도 한다. 소금과 물이 소금물이 되는 것이 단적인 예일 것이다. 수학을 떠나 현실 속으로 들어오는 순간 확실성은 사라지고 만다.

삶을 성공적으로 살아가려면 삶을 지배하는 불확실성과 불안정성을 기꺼이 맞이하는 자세가 필요하다. 확실하고 안정적인 것만을 찾아다니다가는 평생 삶의 진면목을 볼 수가 없을 것이다. 삶의 언저리만 헤매다가 사라질 것이라고 한다면 지나친 억측일까. 아니다. 억측이 아니다. 불확실하고 불안정한 삶을 기꺼이 인정하고 자신을 내맡기는 자세가 올바른 삶, 성공적인 삶을 이끈다. 이는 개인의 성공뿐만 아니라 조직의 성공, 기업의 성공에도 마땅히 통용되는 통찰이다.

다시 믿음으로 돌아가보자. 믿음은 장수하는 기업들의 특징이기도 하다. 로열더치셀 그룹의 연구에 따르면, 장수하는 기업들은 환경에 대한 민감성, 강한 정체성과 응집성, 관대함, 보수적 재무관리라는 네 가지 핵심적인 요소가 있다. 이 중 특히 정체성과 응집성이 강한 조직은 한 가지 두

드러진 특징이 있다. 바로 상호의존을 바탕으로 하는 믿음이다. 최고경영진은 최일선 종업원을 존중하고 조직원들은 최고경영진을 신뢰한다는 것이다. 조직원들은 리더의 말을 곧이곧대로 믿고 그가 약속을 지킬 것을 확신하며, 리더는 조직원들을 존중해주는 조직이야말로 장수기업의 특성이다.

이와 연장선에서 생각해보면, 미국에서 심심치 않게 나오는 '하버드 경영대학원 출신을 고용하지 말라'는 말은 이들 엘리트들이 근본적으로 개인의 능력을 믿는 대신 조직과 조직원에 대한 믿음이 부족하다는 데서 출발하고 있다. 능력이나 배경보다는 믿음이 조직을 살리고 장수하게 하는 강력한 힘이라는 것이다.

장수하는 기업과 단명한 기업의 차이는 자본과 능력의 차이가 아니다. 상호 간에 믿음의 차이에서 비롯되는 경우가 많다. 눈에 보이지 않고 확인할 수도 없지만 믿음의 힘이 존재한다는 사실만 체득한다면 그 기업은 성공적으로 장수할 수 있다.

《성경》에서 아브라함이 '믿음의 아버지'라면, 중국 역사에서 제갈공명은 '믿음의 리더'라 할 수 있다. 제갈공명이

촉의 군대를 이끌고 위의 영토를 진격했을 때의 일이다. 전쟁은 한 치의 양보도 없었고, 그 기간은 예상보다 길어졌다. 그런데 이때 제갈공명은 교대요원들에게 귀국을 명령했다. 장수들이 들고 일어났다. "전장이 급한데 어찌 병사들을 돌려보냅니까."

그러자 제갈공명이 하늘을 보며 단호하게 답했다. "나는 군을 통솔할 때 신의를 지키는 것을 기본으로 삼아왔소. 교대요원들은 이미 준비를 마치고 귀국 날짜를 기다리고 있소. 고향 처자들도 그들이 돌아오기만을 손꼽아 기다리고 있소. 지금 상황이 곤란해졌다고 해도 이미 약속한 내용은 반드시 지켜야만 하오."

믿음은 약속에서 출발한다. 약속을 믿고, 어떤 상황에서든 약속을 이행하는 데서 믿음은 꽃을 피우는 것이다. 상황에 따라 약속이 이루어지고 이루어지지 않는 것은 진정한 믿음이 아니다. 전쟁이라는 무시무시하고 불확실한 상황에서도 약속 이행은 어김없이 이루어져야 한다. 위나라의 5분의 1도 안 되는 국력으로 촉나라가 당당히 맞설 수 있었던 배경에는 제갈공명의 믿음의 리더십이 있었다는 사실을 기억해야 한다. 신이 아브라함에게 한 약속, '이삭을 통해 자손

211

을 번성케 하리라'라는 약속도 어김없이 이루어졌다.

언뜻 보면 믿는다는 것이 쉬워 보일 수 있다. 천만의 말씀이다. 어려운 것이다. 가장 어렵고도 어려운 것이다. 사람에 따라서는 평생 걸려도 믿음의 경지에 도달하지 못할 수 있다. 그렇기에 더욱이 도달해야만 하는 게, 도달하고픈 게 믿음의 경지다.

믿음과 관련해 중요한 문제가 하나 있다. 바로 '무엇에 대한 믿음인가'라는 것이다. 아브라함의 예를 들어 신을 믿는 문제로 출발했지만, 일상생활에서는 그게 전부가 아닐 것이다. 개인의 삶, 조직원의 삶, 국민으로서의 삶, 세계인으로서의 삶, 존재로서의 삶에서 '무엇을 믿을 것인가' 하는 것이다. 그것이 무엇인지는 각자의 가치관에 따라야 할 것이나, 다만 자신에 대한 믿음은 절대 놓쳐서는 안 된다.

믿음이 세상을 바꾸고 생생케 한다. 아브라함의 믿음이 이삭을 살리고, 그 자손들을 번성케 했듯이 우리네 삶에서 믿음은 우리를 살리고, 조직을 살리고, 기업을 살리고 번성케 할 것이다. 기적이 있다면 단연코 믿음이다. 이성적으로 믿을 수 없음에도 믿을 때 기적은 열리는 것이다. 상호 간의 믿음이 변증법적으로 힘을 발휘해 기적을 일으키는 것이다. 인간 최고의 정열인 믿음의 인간으로 거듭나야 할 이유는 이것으로 충분하다.

★ 불확실한 것에 대한 믿음이 진정한 믿음이다.
★ 자신으로부터 믿음은 시작된다.

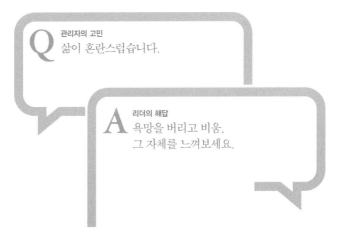

빈 배에 가득 찬
지혜

Q 관리자의 고민
삶이 혼란스럽습니다.

A 리더의 해답
욕망을 버리고 비움,
그 자체를 느껴보세요.

　　얼마 전 한 지인과 절연했다. 각자의 생각이
다른데 굳이 함께해야 할까 하는 회의감이 들었던 것이다. 며
칠 동안 갈등하다가 서로 헤어지는 것이 낫다는 판단이 들었
다. 절연하는 과정에서 겪은 심적 갈등은 상상 외로 컸다. 그
때 마음을 달래보려 손에 쥔 책이 《장자》이다. 장자의 아름다
운 비유, '빈 배'는 언제 어느 때 읽어도 치유의 힘이 있다.

"한 사람이 배를 타고 강을 건너다가 만약 빈 배가 와서 그의 작은 배와 부딪친다면 그가 비록 마음이 좁은 사람이라도 그는 성내지 않을 것이다. 허나 배 안에 사람이 있으면 소리쳐 다른 곳으로 저어 가라고 할 것이다. 한 번 소리쳐 듣지 못하면 두 번 소리칠 것이고 그래도 듣지 못하면 세 번 소리치면서 반드시 욕설을 퍼붓기 시작할 것이다. 앞에서는 성을 내지 않다가 지금은 성내는 것은 그 배 안에 누군가 있기 때문이다. 그러나 그 배가 비어 있다면 그는 소리치지 않을 것이고 화내지 않을 것이다. 사람이 자기를 텅 비우고 세상을 노닌다면 그 누가 그를 해칠 수 있겠는가? … 그러한 이가 완전한 이다. 그의 배는 비어 있다."

빈 배를 읽으면 마음이 고요해진다. 시간이 지날수록 점점 평온해지고, 잔물결 하나 일지 않는 고요한 호수가 된다. 침묵에 빠져 있는 호수를 비추는 것은 달이고, 한적한 달밤에 강가에 외따로 떠 있는 빈 배는 고요 그 자체이다. 고요는 지혜의 속성이다. 지혜로운 자는 고요하다. 어떠한 사물도 그의 마음을 어지럽히지 못하기 때문에 고요한 것이다. 억지로 마음을 가라앉히는 것은 진정한 고요가 아니다. 작위作爲로 고요해지는 것 또한 진정한 고요가 아니다. 그것은 일시적인 고요하기는 하나, 조그만 풍파에도 흔들리는 고요일 따름이다.

진정한 고요함은 앎에서 나오는 게 아니다. 앎은 지식 차원이다. 지식 차원은 실천을 포함한 지혜 차원을 넘지 못한다. 지혜는 하나 근원인 존재 차원을 뛰어넘지 못한다. 가슴 저 깊은 곳에 자리한 존재에서 우러나오는 고요만이 진정한 고요이다. 그곳은 에고가 자리 잡지 못하는 영역이다. 장자의 얘기를 들어보자. "그러한 이가 완전한 이다. 그의 배는 비어 있다."

빈 배에는 두 가지 의미가 깃들어 있다. 우선, 배 안에는 아무것도 없다. 배를 저을 노도 없다. 그저 텅 비어 있는 것이다. 장자는 무엇을 말하려 하는가. 배는 우리 자신이다. 우리를 우리로 보이게끔 만들고 있는 모든 것을 던져버리라는 것이다. 슬픔을 갖고 있다면 슬픔을 버리라는 것이다. 탐욕을 갖고 있다면 탐욕을 버리고, 명예를 갖고 있다면 명예를 버리고, 권력을 갖고 있다면 그 권력마저 버리라는 것이다. 그런 식으로 우리가 갖고 있던 모든 것, 에고를 버려야 한다는 것이다.

여기서 말하는 에고는 과거의 결정체다. 과거로부터 알아온 것, 경험한 것, 일궈온 것 등 모든 과거의 산물을 모조리 버리라는 것이다. 에고를 버리면 그 자리를 무엇으로 채울 것인가. 그에 답하기 전에 장자의 빈 배를 다시 들여다보자. "사람이 자기를 텅 비우고 세상을 노닌다면 그 누가 그를 해칠 수 있겠는가?"

빈 배에는 아무도 없다. 버리는 사람마저도 사라지고 없다. 여기에서 빈 배에 숨어 있는 두 번째 의미를 찾아야 한다. 빈 배는 어디로 향하지 않는다. 어디에서 와서 어디로 가야겠다는 것도 없다. 노를 저을 사람이 없기 때문이다. 그저 강 위에 떠 있어 바람 따라 물결 따라 흘러갈 따름이다. 배는 분명히 움직이고 있겠지만, 삶은 변화하고 있겠지만 원하는 목적지가 없다. 자신의 의도대로 삶을 살아가는 게 아니라 자연의 흐름에 맞춰 살아가야 한다는 것을 장자는 얘기하는 것이다.

이것이 장자가 궁극적인 인간으로 지향하는 지인至人의 정의다. 지인의 지至 자가 말해주듯이 지인은 궁극의 경지에 도달한 존재이다. 지인은 자연이 하는 그대로 살아가는 사람이다. 사람의 법도는 안중에도 없다.

장자는 무아無我를 지인으로 규정했다. 나 자신이 없다는 의미다. 자아自我가 없고 무심無心한 사람이다. '나'가 없으니 과거에 얽매이지도 않고, 미래를 계획하지도 않는다. 바로 이 순간에 존재할 따름이다. 진정으로 삶을 원한다면 이 순간으로 충분하다. 이 순간에 전체로 살아가는 자에게 이 순간은 바로 영원으로 이어진다.

순간을 사는 자에게 시간이란 협소한 개념이다. 과거와 미래라는 시간은 배에서 맨 먼저 던져버려야 할 거추장스러운 짐일 따름이다. 이것들은 추억이나 업적, 계획이나 희망, 불안, 기대 등의 무거운 무게를 지니고 있어 이 순간을 전체적으로 살기에는 어울리지 않는다.

순간을 사는 자의 마음은 거울과 같다. 거울은 비춰진 상을 애써 간직하지 않는다. 비춰지는 동시에 사라진다. 있는 그대로를 반영할 뿐 자신의 뜻을 더하는 일도 다른 사람의 의도를 받아들이는 것도 없다. 사물에 있는 그대로 응할 뿐 감추지 않는다. 마음속에 앙금이 가라앉을 수가 없다. 사물을 자연스럽게 대하기에 누구도 그를 해칠 수가 없는 것이다.

장자의 빈 배를 다시 살펴보자. "그래도 듣지 못하면 세 번 소리치면서 반드시 욕설을 퍼붓기 시작할 것이다. 앞에서는 성을 내지 않다가 지금은 성내는 것은 그 배 안에 누군가 있기 때문이다. 그러나 그 배가 비어 있다면 그는 소리치지 않을 것이고 화내지 않을 것이다."

다른 사람이 화를 낸다면 그곳에 우리가 있기 때문이다. 우리가 무슨 잘못을 해서 화를 내는 게 아니다. 우리가 선한 일을 한다고 해서 그들이 화를 접지도 않는다. 단지 우리 존재가 그곳에 있기 때문이다. 그들과 부딪히는 우리 존재가 너무 단단해서 화를 내는 것이다. 그들과 충돌을 피하는 유일한 길은 그곳에서 우리가 없어지면 되는 것이다. 존재의 사라짐, 이것이 '빈 배'의 역설적 의미다.

빈 배의 속뜻은 예수도 역설했다. 《성경》마태복음에는 이런 말이 있다. "마음이 가난한 자에게 복이 있나니 하나님의 나라가 그들의 것이노라." 마음이 가난한 자는 빈 배와 마찬가지다. 마음을 비운 그 자리에 투영될 것은 하나님의 말씀, 진리일 것이다.

논리적인 사람들에게 장자의 빈 배는 참으로 이상한 이야기다. 착하게 살라는 것도 아니고, 멋있게 살라는 것도 아니고, 권력과 부의 획득 등 세속적으로 성공하는 삶을 살라는 이야기도 아니다. 그저 아무 구별 없이 단순하게, 힘도 없이, 무엇을 이룸도 없이, 누구도 판단함이 없이, 집도 없고 이름도 없이 살라는 말이다. 자연스럽게 이루어지는 평범한 삶이 지혜로운 자의 삶이라는 말이다.

삶에 대한 진정한 이해 없이는 받아들이기 어려운 이야기다. 삶과 죽음은 한 가지라는 삶에 대한 진정한 이해, 장자의 통찰력은 그의 죽음 앞에서도 그대로 이어진다. 장자는 자신의 죽음을 앞두고 성대한 장례식을 계획하고 있는 제자들에게 일갈한다. "나는 하늘과 땅으로 나의 관을 삼을 것이다. 해와 달은 나를 호위하는 한 쌍의 옥이 될 것이며 행성과 별무리들이 내 둘레에서 보석처럼 빛날 것이다. 그리고 만물이 내 장례식 날 조문객들로 참석할 것이다. 더이상 무엇이 필요한가." 빈 배처럼 살아온 그로서는 빈 배에 그 무엇을 가득 채우려는 장례식이 못마땅했을 것이다.

죽음은 삶의 절정이다. 죽음 안에 삶의 전부가 녹아들어 있다. 삶과 죽음은 한 가지이며 구분은 의미가 없다. 삶의 경지가 높은 자의 죽음은 다르다. 다른 방식으로 삶을 살았기에 죽음 역시 다를 수밖에 없는 것이다. 장자의 말을 듣고 있자니 작금의 성대한 장례식이 어리석게 삶을 산 자들의 요란한 소동으로밖에 보이지 않는다. 삶이 허접했기에 죽음을 성대하게 치르려는 우둔한 소치이다.

언젠가 몹시 추운 겨울 어느 날 아침, 남한강과 북한강이 만난다는 양평의 두물머리에 나가보았다. 밤새 내린 눈으로 강물은 더 이상 흘러가지 않았다. 시간이 정지한 듯 그대로 얼어붙어 있었다. 강 위에 소복이 쌓인 하얀 눈, 그 위로 스쳐 지나가는 강바람을 만끽하고 있는데, 멀리 보이는 풍경 하나가 시선을 얼어붙게 만들었다. 강 한복판에 옴짝달싹 못 하는 조각배 하나. 노는 어디로 사라졌는지 보이지 않았다. 정녕 빈 배였다. 온 세상이 정지한 것 같았다. 빈 배가 풍겨내는 포스는 적막 그 자체였다. 또 하나의 다른 세상에 온 것 같았다.

《장자》를 읽으면서 내내 생각한 것은 허정虛靜, 적막寂寞, 무위無爲라는 단어이다. 이들 단어는 빈 배 차원의 세상이자 도의 세상이다. 허나 발길을 조금만 돌려도 이들과 다른 의욕과 욕망, 혼돈과 소란이 넘쳐나는 세상이 바로 저기에 있다. 저 세상도 우리가 겪어야 할 세상이다. 아니 어쩌면 우리가 일상에서 더욱 부딪혀야 할 세상일지 모른다. 두 가지 모순되는 세상을 살아가야 하는 게 우리네 삶이다.

삶은 모순적이며 미묘하다. 원인과 결과로 풀 수 있는 게 아니다. 수학 문제처럼 공식대로 풀리는 것도 아니다. 그럴 때면 장자의 빈 배를 읽어본다. 혼란스럽던 삶의 길이 내 눈앞에 투명하게 펼쳐지는 것을 느낀다.

★ 삶의 고요를 원한다면 우리를 우리로 보이게끔 만드는 모든 것을 던져버려라.
★ 자연스럽게 이루어지는 평범한 삶이 지혜로운 자의 삶이다.

> **"**
> ## 오르내리는 길은
> ## 하나이며 같다
>
> 헤라클레이토스의 잠언
> **"**

Q 관리자의 고민
성공의 길을 걷고 싶습니다.

A 리더의 해답
성공과 실패는 한 길입니다.
본질에 집중하세요.

우화로 시작해보자. 무거운 짐을 지고 타박타박 걷고 있는 당나귀에게 물었다. '오르막길이 좋으냐 내리막길이 좋으냐?' 당나귀가 힘겹게 고개를 들고 물어보는 사람을 쳐다봤다. 그러고는 한심하다는 표정을 지었다. '오르막길, 내리막길이 무슨 문제인가. 중요한 것은 짐이다.' 헤라클레이토스는 이런 말을 남겼다. '오르막길과 내리막

길은 하나이며 같다.'

인간은 전체를 보지 못한다. 항상 선택하며 사는 존재이기 때문이다. 선택에는 이성이 작용한다. 논리적이고 합리적인 것이라 여겨지는 것을 선택하는 것이다. 하지만 바로 그 이성적인 선택이 문제를 일으킨다. 인간의 이성이 한쪽에 치우치기 때문이다. 한쪽에 치우치는 것은 전체의 조화를 놓치는 것이다. 한쪽을 알고, 또 그 반대편의 한쪽을 안다고 전체를 아는 것은 아니다. 전체는 부분의 합이 아니다. 부분에 집착하면 전체를 파악할 수 없다. 부분의 합이 전체라는 환원주의는 이미 낡은 유물이 되었다. 진리는 전체이지 부분이 아니다.

선과 악, 낮과 밤, 사랑과 미움, 전쟁과 평화, 삶과 죽음, 어둠과 빛, 하양과 검정, 원수와 친구는 각각 한쪽을 대변한다. 이 중 하나를 선택하는 것은 바람직하지 않다. 이들은 각각 다른 것이 아니다. 숨어 있는 조화가 이들을 하나로 묶는다고 헤라클레이토스는 역설했다. '드러난 것보다 숨은 조화가 훨씬 낫다.' '대립은 화합을 가져오고 불화에서 가장 아름다운 조화가 생겨난다.'

헤라클레이토스는 어느 한쪽을 선택하는 대신 이 둘의 조화에 주목했다. 어떤 조화인가. 극단적으로 대립되는 것들의 조화이다. 대립되는 것들의 조화를 통해 진리에 가까워진다고 본 것이다. 이성적인 인간은 이 말을 이해할 수 있는 능력이 부족하다. 논리적인 틀에 전혀 맞지 않는 이야기라는 판단이다.

그래서 당시 그리스를 대표하는 학자 아리스토텔레스를 비롯한 이성적인 사람들은 헤라클레이토스를 모순투성이라고 비난했다. 하지만 양극단을 아우르는 것은 전혀 모순적이지 않다. 대립되는 것을 하나로 단단하게 묶었기 때문이다. 무엇으로 묶었을까? 바로 깨어 있는 의식이다. 두 눈을 뜨고 있다고 해서 누구나 깨어 있다는 게 아니다. 두 눈을 뜨고도 잠든 것처럼 말하거나 행동하는 사람들이 많다. 습관적으로 무의식적으로 사고하고 행동하는 자들은 모두 잠든 자들이다.

잠든 사람들은 곳곳에 있다. 직장인은 직장인대로, 사장은 사장대로, 농부는 농부대로, 청춘은 청춘대로, 노인은 노인대로 각자 자기들이 선택한 영역에 빠져 있다. 극단에 치우친 영역이다. 이 사적이며 극단적인 영역을 버리고, 깨어 있는 의식으로 숨은 조화를 찾아야 한다. 깨어 있는 자는 선택하지 않는다. 선택은 조화로운 균형을 잃게 만든다. 조화로운 균형이 바로 진리다.

지혜로운 자는 선택을 하지 않는다. 선택하는 대신 깨어 있다. 깨어 있는 상태에서 대립되는 것을 하나로 통일시키고, 언어와 판단의 기초인 이원성을 무너뜨린다. 이를 통해 삶을 관통하는 본질을 획득한다.

낮과 밤의 구분은 어디에서부터인가. 남자 안의 여성성을, 여자 안의 남성성을 어떻게 설명할 것인가. 어둠이 없이 빛을 어떻게 이해할까. 더 나아가 이들 대립되는 것들의 경계선은 어디인가. 어디에서도 찾을 수 없을 것이다. 만물의 본질은 하나이기 때문이다. 헤라클레이토스는 말한다. '낮과 밤의 본질은 하나이다.'

낮과 밤, 남과 여 등 대립되는 것은 둘이 아니고 하나이다. 둘로 보이는 것은 잠들어 있는 것이고, 하나로 보이는 것은 깨어 있는 것이다. 깨어 있는 사람은 습관처럼 말하고 행동하지 않는다. 이것은 이것이고, 저것은 저것이라는 고정된 시각을 갖지 않는다. 그에게는 낮인 동시에 밤이고, 남자인 동시에 여자이다. 겨울인 동시에 여름이고, 전쟁인 동시에 평화이다. 풍요인 동시에 결핍이다. 어느 한쪽에 얽매이지 않는다. 따라서 진리는 모순으로 보일 수 있다.

빛은 입자와 파동이라는 모순된 성질을 갖고 있다. 한 가지 성질만으로는 빛을 완전하게 그려낼 수 없었다. 금세기 위대한 과학자로 추앙받는 아인슈타인이 말년에 빛의 이중적인 성질을 밝혀낸 것은 굳어 있는 생각을 버렸기 때문에 가능한 일이었다. 그는 입자면 입자, 파동이면 파동이지, 양자를 동시에 인정하는 것은 모순적이라고 믿었던 신념을 스스로 무너뜨렸다. 일관성을 중시하고, 원인과 결과를 철저히 신봉하는 대표적인 고전물리학자로서 고통스럽게 자신의 고집을 꺾었던 것이다. 그가 자연현상 중 모순되는 현상을 기꺼이 받아들임으로써 과학은 진일보하게 되었다.

한쪽에 치우치는 것은 고집스런 선택이다. 고집은 남을 인정하지 않는 것을 말한다. 나의 생각만이 옳다고 보는 것이다. 그러나 그 생각은 유연하지 않고 굳어 있다. 굳어 있는 생각으로는 변화하는 만물의 본질을 잡아내지 못한다. 고집스런 인간들에게 헤라클레이토스는 그래서 이런 역설적인 말을 던진 것이다. '오르막길과 내리막길은 하나이며 같다.' 굳어 있는 고정관념을 망치로 깨뜨리는 충격으로 다가오는 말이다.

올라가는 길과 내려가는 길은 본질은 하나이다. 하나는 전체이다. 둘은 부분이다. 전체는 진리이고 부분은 비진리다. 올라가는 길에서 내려가는 길을 보는 자는 지혜로운 자이면서 유연한 자이다. 어느 한쪽에 치우치지 않는다. 고정되어 있지 않다. 유연하기에 순간에 감응하고 행동하는 것이다. 습관적인 반응이 아니다. 감응은 유연성의 덕목이며 반응은 경직성의 덕목이다. 감응할 수 있는 사람에게는 내려가는 길이 올라가는 길이고, 올라가는 길이 내려가는 길이다.

역설적인 말이다. 역설적이기에 강한 충격을 준다. 진리는 항상 역설적이다. 그리고 모호하다. 상식적이고 명확한 것은 진리가 아니다. 이성적인 사람은 이를 이해할 수 없다. 논리에 어긋나는 것을 인정할 수 없다.

반면 순간을 사는 사람들에게는 간단한 이치이다. 시적인 사람들은 쉽게 이해한다. 그들은 깨어 있기 때문이다. 이들은 상황에 따라 감응하는 놀라운 유연성을 갖고 있다. 경직된 사고가 없다. 당연히 고착화된 반응을 보이지 않는다.

'로마에 가면 로마법을 따르라'는 말이 있다. 삶의 본질은 유동적이다. 따라서 유연성이 없이는 만물의 본질, 삶의 본질을 포착하기 힘들다. 역사적으로 지혜로운 자, 승자로 거듭난 사람, 성공을 지속하는 기업과 조직, 강력한 국가는 유연성에서 탁월한 능력을 발휘했다.

반대로 몰락하는 과정의 조직이나 문명은 획일성을 보여준다. 역사학자 토인비에 따르면 문화 붕괴의 결정적 요인은 유연성의 상실이다. 사회적 구조가 경직되어 더 이상 변화하는 상황에 적응하지 못하게 되면 그 사회는 붕괴되고 만다.

유연성이 성공과 실패를 이끄는 사례는 역사에서 수없이 찾을 수 있다. 중국이 유럽에 밀리기 시작한 원인은 무엇일까? 또 일본이 태평양 전쟁에서 패배한 원인은 무엇일까? 바로 유연한 사고의 부족에서 찾을 수 있다.

중국 명나라 장군 정화는 일곱 차례나 탐험대를 이끌고 아프리카 동부 해안의 여러 항구를 방문, 다양한 해도를 제작했다. 유럽에서 아프리카를 돌아가는 인도 항로의 개척자 바스코다가마가 희망봉을 발견하기 수십 년 전의 일이다. 허나 중국의 지도자들은 엉뚱한 일을 벌였다.

원양 선박 제작과 해상교역의 금지가 바로 그것이다. 외부세계로부터는 배울 것이 전혀 없다는 결론이었다. 자신이 우월하다는 고정관념이 타성을 낳고 개선 타이밍을 놓친 것이다. 해상무역으로부터 등을 돌린 중국은 이때부터 해상무역에 총력을 기울인 유럽의 추격을 받기 시작했다. 화약·나침반·인쇄술·종이 등 4대 발명품을 세계 최초로 만든 나라 중국이 한참 하수로 여기던 유럽에 밀리게 된 발판을 스스로 제공한 것이다.

일본의 경우를 보자. 청일전쟁과 노일전쟁에서 예상을 뒤엎고 승리했다. 승리의 원인을 해군력의 차이로 파악한 일본 수뇌부는 전함을 만드는 데 총력을 기울였다. 올라가는 길이 내려가는 길과 하나라는 지혜를 이해하지 못한 탓이다. 성공이 모방과 패턴을 낳고, 모방과 패턴은 유연성을 악화시켰다. 반면 미국은 전함이 아니라 항공기와 항공모함 증산에 힘을 쏟았다. 월등한 무기와 기술로 중무장한 미국을 일본이 이길 수 없는 것은 당연했다.

성공 법칙은 언젠가 실패 법칙으로 바뀐다는 것을 적나라하게 드러내주는 사례다. 과거에 성공적으로 검증된 수단이라도 끊임없이 점검하고 개선해야 한다. 상황이 달라지면 쓸모가 없거나 역효과를 내는 일이 다반사이다. 성공에 중요한 것은 과거의 성공 기억이 아니다. 상황에 따라 유연하게 대처하는 능력이다.

사실 유연성은 비즈니스 세계에서 절실한 덕목이다. 시장에서 불변의 법칙이 있다면 그것은 모든 것이 끊임없이 변한다는 사실이다. 끊임없이 변하는 상황을 유연하게 받아들이지 못하는 기업이 도태된 사례는 수없이 많다. 바로 이 순간에도 경직된 사고 때문에 도산하는 기업이 줄을 잇고 있다.

다시 서두의 당나귀 이야기로 돌아가자. 당나귀에게 '오르막길과 내리막길'을 묻는 우둔한 인간이 될 것인가? 아니면 '본질은 짐'이라고 대답하는 현명한 당나귀가 될 것인가? 이는 양극을 아우르는 전체론적 사고와 유연한 발상 여부에 달려 있다. '오르막길과 내리막길은 하나이며 같다'는 헤라클레이토스의 역설적 경구가 던지는 통렬한 메시지를 이해하는 것은 우리의 몫이다. 한마디 덧붙이자면 헤라클레이토스의 경구를 다른 단어로 대체해보는 것도 의미 있는 일이다. "성공의 길과 실패의 길은 하나이며 같다."

★ 불화에서 가장 아름다운 조화가 생겨난다.
★ 지혜로운 자는 선택을 하지 않는다. 대신 깨어 있다.

> **표면이 고르지 못한 거울은**
> **본모습을 비추지 않는다** 베이컨 | 《신기관》

Q **관리자의 고민**
어떻게 해야 올바른 판단을
할 수 있을까요?

A **리더의 해답**
자기중심적 사고를 버리십시오.

삶은 판단이다. 지금 이 순간에도 판단해야 할 것이 있다. 어제와 마찬가지로 내일도 우리는 그 무엇을 판단할 것이다. 사람들은 죽을 때까지 판단과 함께한다. 판단은 곧 우리의 삶을 지배한다.

사람의 가치는 그 사람이 어느 판단을 했느냐에 따라 달라진다. 판단이 곧 그 사람의 정체성이다. 한 사람의 삶을 이끌 만큼 판단은 중요한 것이다. 허나 삶을 지배하는 판단의 중요성을 우리는 간과한다. 손쉽게 판단하고 곧 후회하는 것이다. 삶이 혼란스러운 것은 잘못된 판단 때문이다.

사람들은 왜 올바른 판단을 내리지 못하는 것일까? 이 의문에 일말의 실마리를 제시한 사람이 있다. 17세기 영국 철학자 프란시스 베이컨이다. 그는 저서 《신기관》에서 네 가지 우상에 대해 말했다.

우상은 본래 종교에서 거짓 신을 말한다. 거짓 신은 배척대상이다. 베이컨이 설명한, 인간이라는 종족 자체에 뿌리박고 있는 편견이나 선입견에서 생겨나는 '종족의 우상', 개인적인 특성에서 비롯되는 '동굴의 우상', 잘못된 언어 사용에서 생기는 '시장의 우상', 그럴듯한 명성이나 권위에서 생겨나는 '극장의 우상' 등은 반드시 깨뜨려야 할 대상인 것이다. 우상이 진실을 가리기 때문이다.

베이컨은 《신기관》에서 종족의 우상을 설명하기 위해 거울을 예로 들었다. "표면이 고르지 못한 거울은 사물을 그 본모습대로 비추는 것이 아니라 사물에서 나오는 반사광선을 왜곡하고 굴절시키는데, 인간의 지성이 꼭 그와 같다."

볼록거울이나 오목거울로 얼굴을 비춰본 사람은 이 말

을 바로 알아들었을 것이다. 베이컨은 인간이라는 종족이 갖고 있는 지성을 표면이 고르지 못한 거울과 같다고 보았다. 인간의 지성이 이와 같다면 자연과 사태를 왜곡하지 않고 편견 없이 정확히 관찰하고 해석하는 것은 어려워진다. 인간 지성이 표면이 고르지 못한 거울이라는 말은 인간 지성이 갖고 있는 몇 가지 특성 때문이다.

베이컨에 따르면, 첫째 인간의 지성은 실제로 존재하지도 않는, 본질과는 무관한 관계 따위를 찾아내려는 속성을 갖고 있다. 이를테면 오랫동안 인간 지성은 천체운동의 본질은 완전해야 하고 도형 중에서 원이 가장 완전하다고 판단했다. 천체운동이 원운동이라는 확고한 믿음은 1605년 케플러가 행성은 타원형 궤도로 움직인다는 사실을 발표하고 나서야 무너졌다. 수천년 동안 거짓을 믿은 것이다.

둘째 인간 지성은 한번 '이것이다' 하고 생각하고 나면, 다른 모든 것들을 배척하는 경향이 있다. 아무리 유력한 반증 사례들이 있다 해도 무시하거나 경멸하거나 혹은 예외로 치부해 배척한다는 것이다. 헛된 믿음을 계속 고집하는 격이다. 근거나 이치에 맞지 않는 주장을 한다는 뜻의 '견강부회牽强附會'라는 고사성어가 따로 없다.

셋째 인간 지성의 또 다른 문제점은 미련하고 무력하다는 것이다. 인간의 지성은 중요성의 여부를 떠나 간접적인 감각은 무심하게 대하는 반면 직접적인 감각은 매우 중요하게 여긴다.

넷째 무엇이든 추상화하는 본성도 인간 지성의 문제점이다. 이는 끊임없이 변화하는 삶의 형태를 고정불변의 것으로 만드는 못된 속성이다. 추상화는 착각을 불러일으키기 십상이다. 비슷하게 보이는 것의 차이점을 무시하기 때문이다.

이 밖에도 베이컨은 인간 지성의 허약함을 여러 가지 나열했다. 베이컨은 이전의 학문 방법이 '정신의 예단'이라면 자신의 방법은 '자연의 해석'이라고 주장했다. 예단이란 말은 예상·편견·선입견·직감과 같은 말이다. 반면 해석은 열린 마음으로 철저히 탐구하는 것이다.

베이컨의 '신기관'은 자연에 대한 올바른 지식을 찾기 위한 '지적인 작업'이었다. 베이컨이 지적한 네 가지 '우상 파괴', '열린 마음' 등은 자연의 해석뿐만 아니라 인간 삶의 판단에도 필요한 도구이다.

사실 인간 사회나 삶에 대한 판단은 보다 엄격하고 고도의 작업을 요구한다. 열린 마음과 우상 파괴 정도로는 부족하다. 자연과는 차원이 다른 게 인간 사회와 삶이고, 이를 올바르게 판단하는 것은 결코 쉬운 일이 아니다. 베이컨의 비유대로 고르지 못한 거울로 들여다보는데 어떻게 인간 사회와 삶을 제대로 판단할 수 있겠는가?

인간 사회와 삶에 대해 올바른 판단을 하기 위해서는 베이컨의 지적대로 우상 파괴와 열린 마음이 필요하다. 그러나 그것보다 더욱 근본적이고 절실한 게 있다. 그것은 자기중심적 사고를 버리는 것이다. 말은 쉽지만 실천하기는 정말 어려운 일이다. 평생 실천하지 못하는 사람이 다수일 것이다. 그래서 세상은 혼란스러운 사람들로 득실거리는 것이다.

어리석고 천박한 사람들의 속성이 바로 자기중심적 사고이다. 자기중심적 사고는 경험·편견·선입견·욕망·이념·신념·지식·시기·질투·탐욕 등에 얽매여 있는 것이다. 다시 말하자면 시기·질투·탐욕 등 부정적인 것뿐만 아니라 당연시 여겨지는 지식·경험·이념·신념·욕망 등도 배척되어야 할 속성이다. 신념·이상·경험 등은 기껏해야 색안경에 불과할 따름이다. 색안경으로 보는 세상은 너무 좁다. 자기중심적 사고의 속성은 고르지 못한 거울의 단면, 그 이상이 결코 아니다.

올바른 판단은 지금 이 순간에 내리는 것이다. 어제 내린 판단은 의미가 없다. 내일 역시 어떻게 될지 아무도 알 수가 없다. 판단은 지금 이 순간 이 자리에서 내려야 한다. 어제와 내일로 상징되는 시간은 판단을 흐리게 하는 주범이다. 어제의 추억과 내일의 희망은 올바른 판단에 도움을 주지 못한다. 과거의 성공이 오늘의 성공을 보장하지 못하듯이, 미래의 희망이 현재의 판단에 도움을 주지 못하는 것이다. 올바른 판단에는 시간성이 필요 없다. 시간성은 거울에 덕지덕지 낀 얼룩이다. 얼룩을 제거하지 못하는 한 올바른 판단은 어려워진다. 시간 역시 자기중심적 사고의 일종이다.

자기중심적 사고를 버린다는 것은 실재와 직접적으로 대면한다는 것을 말한다. 상상 속의 관념이 아니라 실재와 맞닥뜨리는 것이다. 실재는 왜곡된 현실이 아닌 있는 그대로의 현실이다. 실재에 직접적으로 맞설 때 필요한 것은 열정·용기·유연성 그리고 끈기다. 이들은 에너지의 주요한 속성이다. 에너지가 풍부하면 할수록 실재와 보다 가깝게 맞설 수 있다.

풍부한 에너지는 흩어지지 않는 에너지다. 여기저기 돌아 다니는 에너지가 아니라 한곳에 응축된 에너지다. 야망·경쟁·욕망 등에 얽매이면 마음이 들뜨게 되고, 에너지가 흩어지게 된다. 에너지가 낭비될 수밖에 없다. 마음속에서 갈등이 고조되기 때문이다. 에너지가 낭비되면 실재와 대면할 여지가 부족해진다. 힘이 부치기 때문이다.

강력한 에너지는 마음의 고요 속에 자리한다. 고요는 외적인 고요를 말하는 것이 아니다. 강제적으로 마음을 진정시키는 것도 아니다. 그저 마음을 비운다고 될 일도 아니다. 고대 중국 철학자 순자가 말하는 허일이정虛一而靜(마음을 비우고 한 가지 일에 집중하면 고요해진다)의 경지를 넘어서야 한다. 그 경지는 욕망의 사라짐이다. 욕망이 사라진 자리에 에너지가 넘쳐흐른다.

에너지가 넘쳐흐르는 고요한 상태에서 마음은 민감하게 작용한다. 민감한 마음은 언제나 바람처럼 강물처럼 움직이고 흐른다. 고정된 패턴이 없고 항상 세상에 대해 깨어 있다. 마음이 고조된 상태에서 사물과 사태를 바라보는 것, 그것은 엄청난 일이다. 모든 사물과 사태가 생생하게 보인다. 밝고 뚜렷하게 드러난다.

소위 의식이 확장된 것이다. 확장된 의식으로 세상을 바라보라. 명료해 보일 것이다. 명료성, 그것이 바로 올바른 판단 그 자체다. 명료성은 사물과 사태를 있는 그대로 보는 것이다. 거기에 아무런 전제조건도 없다. 화려한 색채도 무늬도 없다. 그저 있는 그대로의 세상, 그리고 우리가 알고자 하는 세상이 뚜렷이 보인다. 명료성은 자기중심적 사고와는 대척관계이다. 자기중심적 사고가 사라진 곳에 명료성이 있다.

관점은 세상을 보는 방식이다. 관점이 인식을 창조하고, 인식은 판단으로 이어진다. 판단이 곧 삶이다. 관점을 바꾸면 삶이 달라질 것이다. 삶을 바라보는 방식을 바꿔라. 마음의 짐을 내려놓고 세상을 보라. 명료한 세상이 보일 것이다. 명료성이 삶의 본질이다. 흐릿하게 보인다면 다 환상이다. 우리는 환상 속에 사는 것이 아닌지 곰곰이 고민해볼 필요가 있다.

빈 거울에는 아무것도 없다. 거기에는 관념도 욕망도 없다. 풍부한 지식도 경험도 이념도 없다. 화려하게 채색되었거나 자신이 기대하는 모습을 비춰주지 않는다. 그저 있는 대로의 모습을 비춘다. 비추는 것 모두 새롭다. 매일 매 순간 비추어도 매양 새롭다. 있는 그대로의 진실이기에 새롭고 아름다운 것이다.

삶에 지치고 힘들다면 빈 거울을 들여다보라. 혼란스러울 때 빈 거울을 들여다보라. 갈림길에 서 있을 때 빈 거울을 들여다보라. 울적할 때 빈 거울을 들여다보라. 강조컨대 고요한 마음에서 올바른 판단이 나오는 것이다.

★ 자기중심적 사고를 버린다는 것은 실재와 직접적으로 대면한다는 것이다.
★ 고요한 마음속에 강력한 에너지가 자리하고, 올바른 판단이 나온다.

홀로 있어
외롭지 않다

헤밍웨이 | 《노인과 바다》

Q **관리자의 고민**
나이 들수록 외로워집니다.

A **리더의 해답**
외로워 말고,
홀로의 참뜻을 되새기세요.

결혼해서는 안 될 사람이 있다. 삶을 대하는
태도가 격정적이고 운명에 열광하는 이들은 결혼해서는
안 된다. 이들의 삶은 시적인 분위기 속에서 이루어진다.
삶을 떠도는 사람들이다. 반면 결혼을 꼭 해야만 하는 사
람들은 산문적인 분위기 속에서 사는 사람들이다. 안정적
이고 완결적인 삶을 원하는 이들은 정착에서 비로소 행복

을 느끼는 사람들이다.

결혼이 인간의 관습에서 절대적인 것은 아니다. 성인으로 살아가는 존재로서 하나의 선택사항일 뿐이다. 허나 결혼 여부의 선택에서 중요한 것이 하나 있다. 바로 어떤 상황에서 결혼을 선택할 것인지 하는 것이다. 많은 사람들이 무심코 넘어가는 사안이지만 의외로 간단치 않다. 쉽게 인정하고 결정할 문제가 아니라는 것이다.

헤밍웨이의 대표작 《노인과 바다》를 다시 읽었다. 노인의 고독에서 찾아내야 할 것이 있었기 때문이다. 결혼해서는 안 될 사람과 될 사람을 가르는 기준 말이다. 《노인과 바다》를 시작하는 첫 문장에는 40이라는 미묘한 숫자가 나온다. "노인은 오늘까지 84일째나 고기를 한 마리도 낚지 못했다. 처음 40일 동안은 그래도 한 소년이 노인과 함께 있어주었다. 그러나 40일이 지나도록 고기 한 마리도 잡지 못하는 것을 보자, … 소년은 부모가 하라는 대로 다른 배에 옮겨 탈 수밖에 없었다."

40일 동안은 노인과 소년이 같이 있었다. 40일이 지나고 나서는 노인은 홀로 고기를 잡으러 바다로 나가야 했다. 허나 노인은 외롭지 않았다. 외로웠다고 생각했으면 더이상 바다로 나가지 않았을 것이다. 무려 44일 동안이나 홀로 막막한 바다로 나갔을 리 만무했다.

40이라는 숫자는 존재론적 차원에서 시사하는 바가 크다. 전과 후, 흑과 백, 어둠과 밝음, 미성숙과 성숙의 교차 지점에서 우뚝 서 있는 아름드리나무 같은 존재가 40이라는 숫자이다.

《성경》에는 선지자들이 홀로 지낸다는 이야기가 자주 등장한다. 모세는 광야에서 40년간, 예수는 40일간 광야에서 홀로 지냈다. 어린 다윗은 기름부음을 받은 뒤 갖은 고생 끝에 40년 만에 왕위에 올랐다. 이런 이야기들을 생각하다 보면 40이라는 숫자가 주는 묘한 감동을 느끼지 않을 수 없다.

40이란 숫자는 위대한 철학책에도 등장한다. 독일의 철학자 니체로 인해 되살아난 선지자 짜라투스트라는 홀로 산에 들어가 사색을 하다가 40세가 되어 산에서 내려온다. 사람들에게 깨달은 것은 가르치기 위해서였다. 공자는 나이 40에 모든 것에 흔들리지 않고 우뚝 선다고 했다. 일명 '불혹'의 경지다. 40이라는 숫자는 상징적이다. 전적인 깨달음, 존재의 거듭남을 상징하고 있다.

《노인과 바다》에서 노인 역시 40일을 기준으로 새로운 차원으로 돌입한다. 역설적인 말이지만 둘이 있어서 외롭거나, 혼자 있어 더욱 외롭지 않은 상황으로 차원을 이동한 것이다. 외로움과 홀로의 차원이다. 외로움과 홀로는 동의어가 아니다. 전혀 다른 말이다.

《노인과 바다》는 외로움과 홀로의 차원을 적절하게 다루고 있다. 노인과 소년, 그리고 노인이 잡은 거대한 청새치가 전체 구도를 이끌어가고 있다. 이 책에서 '산티아고'라는 노인의 이름은 때때로 나오지만 소년의 이름은 거의 나오지 않는다. 마지막 장을 넘길 때까지 '마놀린'이라는 이름이 두 번 나올 따름이다. '노인'과 '소년'이라는 보통명사를 반복적으로 사용한 것과 형용사가 극도로 생략된 간결한 문장을 접하다 보면 누구나 고독하다는 느낌을 받게 된다.

허나 노인은 결코 외로워하지 않는다. 아니, 외로울 수 없다. 고기잡이에 나선 지 40일이 지나고 그 이후 44일 동안 홀로 바다에 나가지만 스스로를 다스릴 수 있는 건강한 삶을 누리기 때문이다. 건강한 삶이란 어느 상황에서든 자신의 생각, 삶의 철학을 잃지 않는다는 말이다. 노인은 단지 돈을 위해서 고기잡이에 매달리지 않았다. 이런 태도는 오직 돈이라는 실리를 좇아 고기잡이를 하는 어부들과 다르다는 것을 보여준다. 《노인과 바다》에 나오는 구절이다. "'너는 오직 살기 위해서, 그리고 고기를 팔아 음식을 사려고 이 물고기를 죽인 건 아니야' 하고 노인은 생각했다. '너는 긍지를 살리기 위해서 고기를 죽였어. 너는 어부니까. 너는 고기가 살아 있을 적에도 사랑했고, 그 후에도 사랑했지. 네가 그것을 사랑한다면 죽이는 게 죄가 되지 않아. 아니, 어쩌면 죄보다 더한 것일까?'"

노인의 긍지는 자유이다. 돈이나 명예, 탐욕 등 외적인 것에 속박되지 않는 자유를 말하는 것이다. 자유는 욕망에 끌려다니지 않고 자신의 존재에 중심을 두는 사람에게만 그 환희에 찬 속내를 보여준다. 그 속내에는 생명이 넘치는 삶, 생생한 삶, 결국에는 위험한 삶만이 존재한다. 자유에는 안정이 없다. 따라서 평범한 사람들에게 위험하게 보일 수도 있다. 산티아고 노인처럼 끊임없이 모험 속으로 뛰어드는 자만이 자유를 적극적으로 누릴 수 있다.

한 가지 기억할 것은 무엇으로부터 자유, 소극적 자유는 의미가 없다는 것이다. 그 무엇에 의존하지 않고, 자신의 존재 가치를 적극적으로 드러내는 삶을 위한 자유만이 진정한 자유이다. 자유와 홀로는 불가분의 관계다. 홀로 있음에 자유가 있다. 주체적인 삶이 가능한 진정한 자유가 존재하는 것이다. 외로움 속에는 자유가 없고 속박이 있다. 의지와 의존만이 난무한다.

앞서도 말했지만 외로움과 홀로는 동의어가 아니다. 홀로 있는 것을 외로움으로 오해하면 모든 것이 뒤죽박죽되어 버린다. 홀로와 어울리는 단어는 아름다움·숭고·전체·성숙·현존·지혜·축제 등이다. 외로움은 불안·타자·추함·구속·조건·소극적·불완전·슬픔·어둠·방황·불행·외부·빈약·공허·의지·분리·외면·빈곤 등이다. 홀로는 긍정적인 것이고, 외로움은 부정적인 것이다. 홀로는 밝음이다. 훤히 빛나는 집 안이다. 외로움은 어둠이다. 깜깜한 집 안에서 누군가 들어와 촛불을 밝혀주기를 기다리는 것이다.

《노인과 바다》는 고기잡이에 나선 지 40일 이후의 상황부터 시작된다. 40을 기준으로 철저히 홀로된 삶을 살아가는 노인을 조명하고 있다. 역으로 말하자면 40일 이전의 고기잡이는 외로운 삶이었을 것이다. 아주 사소한 것으로 치부한 헤밍웨이의 잠재된 의도를 엿볼 수 있는 대목이다. 그 의도는 노인의 생각에서 단편적이지만 그 편린을 찾을 수 있다. '라 마르'와 '엘 마르'라는 말이다.

"노인은 항상 바다를 '라 마르'라고 생각했다. 이 말은 사람들이 바다에 대해 호감을 가지고 있을 때 쓰는 스페인 말이다. 그러나 젊은 어부들, 특히 낚싯줄을 뜨게 하려고 고무 부이를 사용하거나 상어의 간으로 돈을 많이 벌어서 모터보트를 사들인 사람들은 바다를 남성으로서 '엘 마르'라고 불렀다. 그들은 바다를 마치 투쟁의 대상이나 일터, 혹은 적으로까지 생각하며 그렇게 불러왔다."

라 마르와 엘 마르는 똑같이 바다를 지칭하지만 바다를 대하는 태도가 전혀 다르다. 라 마르는 바다와 하나라는 생각을 가진 사람이, 엘 마르는 바다를 낯선 타인으로 받아들이는 사람들이 쓰는 말이다. 헤밍웨이는 노인과 정반대되는 젊은 어부들을 모습을 '엘 마르'라는 단어로 함축해 설명했다. 이들 물질만능주의자들은 남성용 정관사를 써서 바다를 엘 마르라고 부른다. 바다와 함께한다는 의식이 없이 바다를 정복의 대상으로 바라보는 사람들이다. 반면 노인은 바다를 존중하고 바다와 함께한다고 생각한다. 잡는 고기에마저 강한 유대감을 느끼는 사람이다. 노인은 거대한 청새치와 씨름하면서 혼자 생각한다. "저 고기가 나를 실제의 나보다 더 능력 있는 사람으로 알게 해야지. 또 그렇게 될 테고, 제가 가진 것 전부를 가지고 나의 의지와 지혜에 맞서는 저 고기가 되어보고도 싶구나."

잡으려는 고기가 되고 싶다는, 바다와 하나라는 생각을 가진 노인은 44일 동안 누구도 도와줄 사람이 없는 바다에 홀로 나가지만 외로워하지 않는다. 노인은 바다와 하나가 돼서 타인이 전혀 필요 없는, 그래서 전혀 외롭지 않은 것이다. "고개를 들어 쳐다보니 구름이 피어난 그 아래로는 물오리 떼가 그 자태를 나타냈다가 흩어지고, 다시 모습을 나타내곤 하였다. 그런 것들을 보고 있으려니 조금 전과 달리 바다에서는 어느 누구도 외롭지 않다는 생각이 들었다."

외로움은 타인을 그리워하는 또는 굶주려 하는 병이다. 외로운 자는 자기 자신만으로 만족하지 못한다. 모든 게 공허할 따름이다. 자신의 모든 삶들은 타인과의 관계 속에 있기를 원한다. 그러나 어떠한 관계 속으로 들어간다 해도 외로움은 어찌할 수 없다. '모든 존재는 홀로 태어나 홀로 죽어간다'는, 근본에 어긋나는 관계는 결코 오래갈 수 없다.

외로움과 홀로는 전혀 다른 차원의 이야기다. 외로움을 홀로로 착각해서는 안 된다. 외로움은 타인을 필요로 하는 부분이고, 홀로는 타인이 필요치 않은 전체이다. 전체는 외로울 리 없다. 부분만이 외롭다. 홀로 그 자체가 모든 것이다.

《노인과 바다》를 보면 외롭고 늙은 노인이 그려지지 않는다. 살점이 다 떨어져 간 청새치를 끌고 왔지만, 상품성이 전혀 없는 고기를 잡아왔지만, 성과 없이 상처투성이의 몸으로 돌아왔지만, 노인은 오히려 건강하고 아름답게 그려진다. 외로워하지 않고 홀로 있음에 빛나는 것이다. 소설 속의 대화다. "그놈들이 나를 이겼단다, 마놀린. 정말 나를 이겼어." "그놈한테 진 건 아니죠. 그 고기한테 말이에요." "암, 그렇고말고, 내가 놈들에게 진 것은 그다음이었지."

인간은 파괴될지언정 패배할 수는 없다는 철학을 실천하는 노인과 소년이 주고받는 말이다. 아름다운 대화이다. 어떻게 전체가 패배할 수 있단 말인가. 부분만이 패배하는 것이다. 다시 한 번 말하지만 홀로 있음은 전체이다. 전체만이 온전하다.

서두로 돌아가자. 두 종류의 사랑이 있다. 외로워서 하는 사랑과 홀로 있음의 차원에서 하는 사랑이다. 다수의 사람들은 외로워서 사랑을 찾는다. 주변 사람들과 관계를 맺고 끊임없이 외로움을 잊으려 한다. 허나 이것은 일시적인 환상이다. 어떻게 부분이 합쳐져 전체성을 이룰 수 있단 말인가. 외로워서 하는 사랑은 진정한 사랑이 아니다.

홀로 있음의 차원에서 하는 사랑은 다르다. 내적으로 충만한 존재끼리의 교류는 진정성으로 하나가 된다. 엄청난 합일이다. 전체가 전체를 도와 더욱 빛나는 전체가 되는 것이다.

물론 사랑과 결혼은 다를 수 있다. 결혼을 하나의 단순한 관습으로 여길 때 홀로 차원과 외로움 차원의 구분은 그리 중요치 않을 수 있다. 허나 외로움이 아우성치는 이 시대에 홀로 차원의 사랑과 결혼이 곰곰이 생각해볼 가치는 있다.

중국 당나라 시인 유종원의 '강설江雪'을 살펴보자. "산에는 새 한 마리 날지 않고 길에는 사람의 발길 끊어졌는데 도롱이에 삿갓 쓴 늙은이 홀로 눈보라 치는 강에 낚시 드리웠다." 눈이 내리는 강에서 홀로 낚시를 하는 노인을 담담하게 그렸다. 사람 흔적 하나도 찾을 수 없는 외딴 강가의 풍경에서 결코 외로움이 느껴지지 않는다. 외로움 대신 자연과 하나가 된 노인의 존재 그 자체가 그려지는 것이다. 전체와 하나가 된 홀로는 결코 외롭지 않은 것이다. '강설'의 노인과 《노인과 바다》의 산티아고 노인이 겹쳐 떠오르는 것은 외로워서가 결코 아니다.

★ 홀로 있음에 자유가 있고, 외로움 속에는 자유가 없다.
★ 외로움은 타인을 필요로 하는 부분이고, 홀로는 타인이 필요치 않은 전체이다.

> ## 외로움의 이면에 진짜 보물이 있다
>
> 크리슈나무르티 | 《사랑과 외로움에 대하여》

Q 관리자의 고민
홀쩍 떠나고 싶습니다.
홀로 떠나는 여행은 외로울까요?

A 리더의 해답
홀로여서 외롭지는 않습니다.
홀로 오롯이 그 시간을 즐기세요.

서울은 북적거린다. 특히 연말연시엔 더욱 소란스럽다. 침묵하는 달이 하늘 한가운데에 떠 있을 무렵 가방을 맸다. 그러고는 서울을 떠났다. 철저히 혼자 있으려는 심산이다. 뚜렷한 목적지도 없다. 한 번도 가본 적이 없는 곳이면 더욱 좋을 것이다. 중요한 것은 혼자 떠나는 여행이다.

금세기 철인哲人 크리슈나무르티의《사랑과 외로움에 대

하여》라는 단 한 권의 책이 유일한 동반자였다. "외로움은 홀로 있음과는 전적으로 다릅니다. 홀로 있으려면 외로움이 사라져야 합니다. 외로움과 홀로 있음은 공통점이 없습니다." "홀로 있음의 상태에서는 당신이 더 이상 쾌락·위안·만족을 추구하지 않습니다. 심리적으로 어느 누구에게도 의존하지 않게 됩니다. 그러한 마음만이 창조적입니다."

크리슈나무르티는 외로움과 홀로를 철저히 구분했다. 홀로는 풍요로움이요, 적극적인 긍정이자 성숙의 상징이다. 자기를 찾아 내면으로 여행을 떠나는 것이다. 따라서 홀로인 사람은 예민하다. 비 온 뒤 산뜻한 잎사귀들로 빛나는 한 그루의 나무를 바라본다든가 아침 이슬 한 모금 머금은 풀잎에 감탄하고 관목 사이를 오가는 작은 새들의 움직임에도 주시하는 모습. 매일 뜨는 태양도 새롭게 받아들인다.

반면 외로움은 빈약함이요, 소극적이며 미성숙의 상징이다. 이를테면 외로워하는 사람은 연말연시 모임이 끊기면 불안, 초조해한다. 그러고는 금세 안절부절못하다가도 이어 따분해한다. 그들의 심리 상태를 종잡기가 만만치 않다.

앞서 말했듯이 사랑에는 두 가지 차원이 있다. 하나는

외로워서 하는 사랑이다. 다른 하나는 홀로의 차원에서 하는 사랑이다. 외로움과 홀로는 같은 차원의 말이 아니다. 전자는 의존성이 배경이고, 후자는 독립성이 핵심이다. 의존과 독립은 양극단이다. 모든 직선은 반드시 만난다는 리만기하학으로도 이 둘은 만날 수 없다. 3차원과 4차원처럼 차원이 다른 말이다. 홀로를 외로움으로 파악하면 모든 것이 잘못된 맥락으로 바뀌어버린다.

외로워서 하는 사랑은 사랑이 아니다. 물론 외로움에 젖은 두 사람은 가까워질 수 있다. 함께 지낼 수도 있다. 잠시 동안 외로움을 잊을 수도 있다. 그러나 거기까지다. 그 관계는 위태롭다. 외로움은 상대방에 대한 굶주림이자, 자신에 대한 불만족이다. 쌍방의 굶주림과 불만족은 일치할 수 없다. 언제 어느 방향으로든 문제가 터져 나오기 마련이다.

반면 홀로인 사람은 외로움을 꿰뚫어 보고 이해한 사람이다. 그들을 얽어매는 욕망·집착·분노·소유욕 등을 모두 버린 존재이다. 홀로 차원의 사랑은 아무것도 필요치 않는다. 그 자체로 충만하다. 거기에 사랑의 완전성과 전체성이 있다.

크리슈나무르티의 《사랑과 외로움에 대하여》에는 이런 말이 있다. "사랑은 관계입니다. 관계를 맺는다는 것은 서로에게 의존하지 않고 다른 사람을 통해 외로움으로부터 도망치지 않으며 위안이나 우정을 찾으려고 하지 않는다는 뜻입니다."

이것이 바로 크리슈나무르티의 사랑에 대한 정의이다. 역으로 외로워서 하는 사랑은 진정한 관계, 진정한 사랑이 아니라는 얘기다. 외로움의 가장 근원적인 문제는 타자에게 의지하는 데 있다. 이웃을 원하고 친구를 원하고 연인을 원한다. 의지하고 원하는 것은 갈등과 분리를 일으키기 십상이다.

그러나 홀로 있음을 즐길 줄 아는 사람은 갈등 상태에 있을 수가 없다. 그 자체로 충족하는데 무슨 갈등이 있으며 분리가 있겠는가. 홀로 차원에서의 관계와 사랑이 진정한 관계와 사랑인 것이다. 외로움에 젖은 사랑이 거지의 사랑이라면 홀로의 사랑은 황제의 사랑이다.

크리슈나무르티는 말한다. "사람은 반드시 외로움을 초극해야 합니다. 왜냐하면 외로움의 이면에 진짜 보물이 놓여 있으니까요." 홀로 세상에 태어나서 홀로 살다가 홀로 떠나는 게 삶의 본질이다. 사람들은 삶의 본질을 모르기에 외로움에 젖는 것이다. 크리슈나무르티는 외로움의 초극을 외쳤다. 초극은 도피로 해결되는 것이 아니다. 도망치기만 하면 영원히 초극하지 못한다. 초극의 방법은 외로움을 직시하는 것이다. 외로움을 주시하고 이해하는 것이 바로 초극의 길이다. 직시, 주시와 이해는 결코 쉬운 일이 아니다. 자신의 욕망과 경험을 내려놓는 것을 전제로 하기 때문이다.

홀로 여행을 즐기지 못하는 사람은 군중에 섞여 있을 때도 외로울 수밖에 없다. 혼자서 밥 먹을 때, 이야기가 잠깐 멈췄을 때, 약속이 취소됐을 때, 그저 혼자일 때, 이제 스스로를 돌이켜보자. 더불어 사는 세상이지만 외로워서 어울리는 것인지, 혹은 혼자도 좋지만 어울리는 것도 좋아서 그러는 것인지를 말이다. 〈도마복음서〉에는 이런 말이 있다. "홀로 있으며 선택된 자에게 복이 있나니 너희가 하나님 나라를 볼 것이니라."

★ 홀로 있음의 상태에서는 심리적으로 누구에게도 의존하지 않게 된다.
★ 외로움을 주시하고 이해하는 것이 바로 초극의 길이다.

> **이 세상에 만족하는 자 누구인가?**
>
> 에리히 프롬 | 《소유냐 존재냐》

Q 관리자의 고민
만족은 어디에서부터 비롯됩니까?

A 리더의 해답
적절한 때에 멈추는 데서부터
비롯됩니다.

한 왕이 고통스러운 병을 앓았다. 왕의 병을 치료할 수 있는 유일한 방법은 삶에 만족한 사람의 셔츠를 얻어 입는 것이었다. 그래서 왕은 그 셔츠를 가져오라고 명령을 내렸다. 왕의 전령들은 온 나라를 샅샅이 뒤졌다. 수개월이 지나 만족한 삶을 사는 사람을 딱 한 명 찾아냈다. 그러나 전령들은 셔츠를 가져올 수 없었다. "폐하, 그는 셔츠가 없습니다."

셔츠마저 사 입을 수 없는 가난뱅이, 모든 것을 갖고 있어도 만족스럽지 못한 왕. 이 이야기를 시작으로 우리는 만족에 대해 생각해봐야 한다. 우화는 허구의 이야기지만 그 속에는 진실이 녹아들어 있다. 논리만 끌어들이지 않는다면 우리는 우화에서 삶의 지혜를 얻을 수 있다.

이 우화는 의미심장하다. 이야기 속에서 만족한 삶을 사는 사람은 온 나라에 딱 한 명뿐이다. 모든 것을 갖고 있다는 왕마저도 만족스럽지 못한 삶을 살고 있는 것이다. 그런데 그 한 명은 어떤 사람인가. 이 우화에 나오는 단서로는 셔츠마저 사 입을 수 없는 가난뱅이다. 남들이 보기에 멸시당하기 십상인 가난뱅이가 만족한 삶을 살고 있는 유일한 자인 것이다.

모든 사람들이 만족을 간절히 원한다. 바라는 것을 얻었을 때 생기는 충족감을 맛보고 싶어 한다. 그렇다면 인간은 무엇을 바라는가? 당신은 무엇을 바라는가? 바라는 그 무엇이 영속되기를 원하는가? 그렇다면 바라는 것을 충족하고 난 뒤 만족감은 영원한가?

질문에 답하기 전에 먼저 알아두어야 할 것이 있다. 그
것은 그 무엇을 찾는 당신 자신에 대한 스스로의 이해다. 찾
는 것에 앞서 찾는 자에 대한 이해가 선행되어야 한다. 찾는
자가 누구인지도 모른 채 찾는 대상만 거론한다는 것은 안
갯속을 헤매는 것과 같다. 찾는 자와 찾는 대상을 별개로
보면 안 된다. 찾는 자와 찾는 대상을 하나로 봐야 한다.

찾는 자를 알라는 것은 자기인식을 하라는 말이다. 스스
로 찾는 자를 아는 것, 즉 자기인식은 자신을 그대로 인정
하는 것이다. 인색하다면 인색한, 탐욕스럽다면 탐욕스런,
소심하다면 소심한 자신을 있는 그대로 바라보는 것이다.

이것은 누구나 할 수 있는 쉬운 일이 아니다. 있는 그대
로를 인정하기보다는 부정적인 성향을 피하면서 되고 싶은
자아를 바라보는 인간의 강렬하면서 허구적인 속성이 그
첫째 이유이고, 쉼 없이 변화는 주변 상황을 따라 갈 만한 예
민한 지각력이 부족한 것이 그 두 번째 이유이다. 나와 너,
나와 그들로 대변되는 주변과의 관계에서 시시각각으로
변하는 사고와 감정을 있는 그대로 바라보는 것은 보통의
에너지로는 어려운 일이다

자기인식을 위한 특별한 방법은 없다. 길이 없는 맹지에

서 각자 자신의 길을 만들어가야 한다. 그렇다고 전혀 방법이 없는 것은 아니다. 독일의 사회학자 에리히 프롬의 저서 《소유냐 존재냐》에서 조그만 단서를 찾을 수 있을 것이다.

에리히 프롬에 의하면 사람은 크게 두 가지 생존양식이 있다. 소유의 삶과 존재의 삶이 바로 그것이다. 소유양식에서 나와 세계와의 관계는 소유와 점유의 관계이다. 소유양식의 사람들은 자신들이 가지고 있는 것, 자신들이 소비하는 것과 모든 것을 함께한다. 이들은 소유물을 소비하는 것으로 자신의 삶을 지탱한다. 소유양식의 사람들은 어법에서 뚜렷한 특색이 있다. 이들은 '아내가 있다'가 아니라, '나는 아내를 가지고 있다'고 말한다. 최근 사회문제로 불거진 아이들과의 동반자살의 문제는 바로 소유양식의 삶에서 비롯되는 일이다. 내 소유물이기에 소비(동반자살)해버려야 빼앗길 염려가 없다. 병적인 인식이다.

소유양식의 삶에서는 모든 것이 소유물이다. 신념·권위·사랑·지식·선행·사상뿐만 아니라 습관마저도 소유 대상이다. 아침식사는 일곱 시, 마지막 술자리는 노래방 같은 평상시 매뉴얼과 조금만 달라지면 당황하는 것이다.

존재양식은 자신과 세계가 긴밀하게 연결되는 생존양식이다. 존재양식의 삶은 살아 있다는 것에 충만감을 느끼며 타인과 사물, 자연에 대해 호의적인 태도를 취한다. 존재양식은 두 가지 형태가 있다. 하나는 소유와 대조를 이루는 것으로 살아 있음, 세계와 진실로 관련되어 있음이다. 둘은 외관과 대조되는 것으로 어떤 사람 혹은 물건의 진정한 본성, 진정한 실재를 가리키는 것이다. 따라서 있는 그대로를 이해하고 존중하는 존재양식의 삶은 거짓된 환상이 아니라 실재에 대한 통찰력이 강화된다.

인간은 소유양식, 존재양식 어느 한쪽만을 갖고 있지는 않다. 소유양식과 존재양식이 묘하게 동거하는 것이 인간의 생존양식이다. 소유양식이 우위에 있는 것만은 확실하지만 존재양식의 몰락은 아니다. 물론 극단적으로 한쪽에 치우친 삶도 많은 것은 사실이다.

이렇게 《소유냐 존재냐》를 통해 우리는 자기인식에 대한 힌트를 어느 정도 찾을 수 있을 것이다. 자기에 대한 이해, 앞서 얘기한 찾는 자에 대한 이해가 선행된다면, 우리는 바라는 것에 대한 물음으로 넘어갈 수 있다. 소유와 존재가 바로 만족과 불만족을 가르는 절대 기준이기 때문이다.

바라는 것을 얻었을 때 이루어지는 충족감이 만족이라 했다. 이는 다른 것을 바라지도 않고 바랄 필요도 없는 상태다. 만족은 두 가지 종류가 있다. 하나는 일시적인 만족(또는 즉각적 만족)이고 또 다른 하나는 영속적인 만족이다. 일시적인 만족은 당장 원하는 것을 얻었을 때 느끼는 감정이다. 자동차, 돈 등 물질적인 만족만 얘기하는 것은 아니다. 권력, 쾌락 등 정신적인 만족도 이에 해당한다.

소유의 삶에서는 일시적인 만족만 있을 뿐이다. 일시적이란 말은 한시적이라는 말과 같다. 만족한 느낌이 오래가지 않는 것이다. 소유의 삶은 소비하는 데서 만족을 느낀다. 자기가 가진 것을 빼앗기지 않았다는 것에서 만족하는 것이다. 허나 곧 다시 소비를 원하게 된다. 이전의 소비가 시간이 지남에 따라 만족감이 감소하기 때문이다. 만족감이 사라지면서 불안이 엄습해온다. 불안은 곧 불만족이다. 만족을 느끼려고 또다시 소비를 해야 한다. 소비-만족-불만족-소비-만족-불만족의 악순환이 계속되는 것이다.

소유의 삶은 불안과 불만족 그리고 일시적인 만족으로 이어지는 삶이다. 외부에 의존하는 소비가 영원할 수는 없다. 물론 그리스 신화에 나오는 '풍요의 뿔'처럼 원하는 것이 영원히 나온다면 가능할 수도 있겠다. 허나 세월이 흐르면서 소유로부터 철저히 고립되는 때가 올 것이다. 그때 자신의 삶은 불만족으로 기억될 것이다.

이런 사람들에게는 영속적인 만족이란 없다. 영속적인 만족은 살아 있음을 기뻐하고 항상 충만한 상태로 있는 것을 말한다. 외부에 의존하지 않고 흔들리지 않는 만족이 영속적인 만족이며 진정한 만족이다. 진정한 만족은 결코 무너지지 않는다.

존재의 삶이 바로 그것이다. 존재의 삶은 다시 말하지만 소유가 아니라 관계다. 결과가 아니라 과정이다. 타인과 세상을 소유하지 않으니 그들과의 관계가 살아 있음으로 충만하다. 결과에 집착하지 않으니 하나하나 과정이 새롭고 생생하다. 집착이 없고 충만한 삶이 바로 만족, 영속적인 만족으로 이끈다.

영속적인 만족은 허상이라고 생각할 수도 있다. 소유와 소비를 떠나서 존재하는 인간은 없다는 것을 전제하고 하는 말이다. 인간은 육체, 음식. 주거, 옷, 일용품을 생산하데 필요한 도구들을 소유하고 소비해야 하기 때문이다. 에리히 프롬은 이런 형태의 소유에 대해서는 인간 존재에 뿌리박고 있기 때문에 '생존적 소유'라는 개념을 적용했다. 그는 《소유냐 존재냐》에서 다음과 같이 말한다. "성격학적 소유와는 달리 생존적 소유는 강력한 충동으로서, 존재와 충돌하지 않는다. 성격학적 소유는 필연적으로 충동을 일으킨다. 그가 인간인 한 생존적 의미의 소유는 불가피하다."

사실 만족은 자아가 개입된 개념이다. 자아가 개입될수록 만족은 없다. 자신의 욕구에 치중하는 것은 소유의 다른 측면이다. 나를 중심으로 다른 사람과 세상을 대하는 것은 필히 대립과 불안감을 잉태하는 것으로 이어진다. 앞서 얘기한 소유양식의 삶은 자아가 강화된 삶이다.

반면 자기중심적인 행동이 사라졌을 때 만족은 증폭되는 것이다. 미국의 심리학자 매슬로는 이것을 '자기초월'이라는 단어로 설명했다. 인간의 욕구 5단계설을 발표한 후 이보다 더 우위에 있는 단계로 '자기초월'을 이야기한 것이다. 이는 존재양식의 삶과 궤를 같이한다.

'도전과 응전'으로 회자되는 역사에서 주목할 것은 만족이다. 생사의 대결구도로 이어지는 역사에는 의외로 만족스런 삶에 대한 스토리가 풍부하다. 중국의 역사만 해도 춘추전국시대 월왕 구천의 신하였던 범려, 당태종의 신하인 장손무기, 한고조 유방의 참모인 장량 등 수많은 영웅들이 만족한 삶을 살다 갔다. 이유는 한 가지다. 멈춰야 할 때 멈췄기 때문이다. 멈춘다는 것은 권력욕구, 자아확장을 포기함을 의미한다. 이는 소유양식의 삶을 버리는 것이다. 만족은 소유와는 병행될 수 없다. 소유양식에서 만족은 환영이다. 존재만이 만족과 함께한다.

서두에 우화로 시작했다. 우화에 나오는 가난뱅이는 존재양식으로 사는 자이고, 왕은 소유양식으로 사는 자이다. 셔츠마저 필요 없는 가난뱅이의 삶에 숨어 있는 진실은 무엇일까? 상상하는 것만으로도 충분한 즐거움이 있다. 여기 러시아 작가 이반 안드레예비치 크릴로프가 쓴 우화에 나오는 또 다른 가난뱅이 이야기를 들려주고 싶다.

공원 모퉁이의 벤치에 가난뱅이가 누워 있었다. 그는 혼자 공상을 하면서 시간을 보내고 있었다. "삶에 아무런 의미도 없는 게 구두쇠 부자이다. 죽고 나면 모든 것이 허망하다. 나는 큰 부자가 된다면 매일 화려한 파티를 열 것이다. 불쌍한 사람들에게도 마음껏 자선을 베풀 것이다."

그때 어떤 사람이 가난뱅이에게 다가왔다. 마법사라고 불리는 사람이다. "당신이 부자를 꿈꾼다는 것을 안다오. 자, 지갑을 주겠소. 지갑 안에는 금화가 하나 있소. 그 금화를 꺼내면 금세 새 금화가 생긴다오. 얼마든지 꺼내도 좋으나 단 한 가지 명심할 것이 있소. 이제 충분하다고 생각되었을 때 이 지갑을 강물에 버리시오."

가난뱅이는 놀란 눈으로 마법사를 바라보았다. 가난뱅이는 시험을 해봤다. 마법사의 말은 사실이었다. 그는 밤을 꼬박 새워서 방 안 가득 금화를 채웠다. "하루만 더 금화를 꺼내자. 그러면 두 배의 백만장자가 되겠지."

하루가 한 달이 되고 일 년이 되었다. 그런데도 그는 계속 하루만 더, 하루만 더를 생각했다. 그동안 그는 제대로 먹지도 마시지도 못했다. 눈을 뜨기 무섭게 금화를 꺼내는 일에 몰두했다. 몸과 마음은 만신창이가 된 지 이미 오래전. 그는 허약한 백발노인이 되어 있었다. 그런데도 그는 떨리는 손으로 지갑에서 금화를 꺼내는 일을 중단하지 않았다. 베푸는 삶은 시작도 하지 않았다.

우리는 이 이야기에서 무엇을 느껴야 할까? '적당한 순간에 멈출 줄 알아야 한다'는 것이다. 그 시기는 스스로 정해야 한다. 그리고 그 시기를 정하는 순간, 소유보다 존재의 삶을 살 수 있는 기회가 더 많아질 것이다.

★ 멈춘다는 것은 권력욕구, 자아확장을 포기함을 의미한다.
★ 소유의 삶에서는 일시적인 만족만 있을 뿐이다.
★ 자기중심적인 행동이 사라졌을 때 만족은 증폭된다.

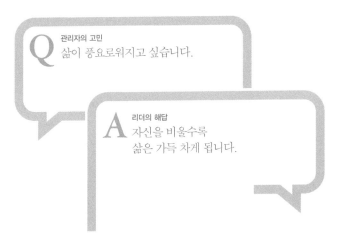

> **"**
> 최후의 인간은 자신을
> 비운 인간이다   카잔차키스 | 《그리스인 조르바》
> **"**

Q 관리자의 고민
삶이 풍요로워지고 싶습니다.

A 리더의 해답
자신을 비울수록
삶은 가득 차게 됩니다.

사람의 격을 구분하는 기준은 풍요이다. 하지만 흔히들 말하는 빈부귀천은 기준이 되지 못한다. 그것은 천박한 기준이자, 철저한 오류다. 풍요를 두고 부자를 연상하면 오해다. 천하고 못 가진 자도 풍요롭게 살 수 있고, 고귀하고 가진 자도 빈곤하게 사는 게 이 세상 삶이다. 한마디로 거지도 풍요롭게 살 수 있다는 말이다.

필자가 동경하는 삶 역시 풍요로운 삶이다. 부자이면서 고귀하게 사는 삶이 아니다. 그런 의미에서 롤모델은 '조르바'이다. 현대 그리스 문학을 대표하는 니코스 카잔차키스의 역작 《그리스인 조르바》의 주인공 조르바를 말한다.

조르바는 실존 인물이다. 그리스의 지성인으로 추앙받는 카잔차키스가 전혀 지성인답지 않은 조르바를 만나 놀라운 삶의 경험을 한 내용을 다룬 게 《그리스인 조르바》이다. 작가는 조르바의 행동거지를 지켜보면서 그의 풍요로운 삶에 매료된다. 소설 곳곳에 작가의 감탄 어린 탄식이 배어 있다. 상대적으로 빈곤해 보이는 작가의 삶에 대한 탄식 말이다. 조르바가 살다 간 풍요로운 삶에 대해 작가는 한마디로 '최후의 인간'으로 묘사했다. 니체의 최후의 인간과 카잔차키스의 최후의 인간은 다르다.

카잔차키스의 《그리스인 조르바》의 한 구절이다. "최후의 인간(모든 믿음에서 모든 환상에서 해방된, 그래서 기대할 것도 두려워할 것도 없어진)은 자신의 원료가 되어 정신을 산출한 진흙이며, 이 정신이 뿌리 내리고 수액을 빨아올린 토양은 아무 데도 없다는 것을 깨닫는 인간이다. 최후의 인간은 자신을 비운 인간이다."

자신을 비우는 것은 지난至難한 일이다. 명예, 재산, 익숙한 것, 관습, 권위, 타성 그리고 안전과 안정 등 피상적인 가치로부터의 탈출은 결코 쉬운 일이 아니다. 이에 대한 어려움을 《성경》에서도 설명했다. '부자가 하늘나라에 들어가기가 낙타가 바늘구멍 들어가기보단 어렵다'는 그 유명한 말은 두고두고 곱씹어볼 만하다.

세속적인 가치인 에고로 꽉꽉 채우다 못해 에고가 넘치는 이 사회에서 자신을 비운다는 것은 고도의 경지에 이른 사람만이 가능한 일이다. 허나 조르바는 쉽게, 그것도 너무 쉽게 자신을 비웠다. 카잔차키스는 그 경지가 너무 부러웠나 보다. 소설 곳곳에 조르바에 대한 시기(?)가 드러나 있다.

조르바는 자유롭다. 그래서 이렇게 말할 수 있다. "당신은 자유롭지 않아요. 당신이 묶인 줄은 다른 사람들이 묶인 줄과 다를지 모릅니다. 그것뿐이오. 두목, 당신은 긴 줄 끝에 있어요. 당신은 오고 가고, 그리고 그것을 자유라고 생각하겠지요. 그러나 당신은 그 줄을 잘라버리지 못했어요. 그런 줄을 자르지 못하면…."

조르바가 말하는 줄은 시간에 얽매인 습관적인 줄이자, 현명을 가장한 계산적인 줄이다. 계산적이고 습관적인 줄

은 우리의 사념과 감정까지도 취하게 만든다. 그러나 시간
이 흘러 어느 날 찬바람이 불어 우리의 의식이 깨어나는 순
간이 있을 것이다. 그 순간이 바로 조르바의 자유로운 의식
상태이다. 깨어남의 삶, 조르바의 삶은 자유 그 자체이다.
카잔차키스의 말대로 최후의 인간한테만 가능한 일이다.
자신을 비운 인간 말이다. 비운 자리에 넘치는 것은 자유로
운 영혼이다. 그 빈자리에 자유롭게 한평생 놀다가 사라지
는 영혼의 꿈틀거림을 우리는 알아차릴 수 있다. 자유가
조르바 삶의 에너지원이다. 자유만큼 강력하고 지속적인
에너지원은 이 세상에 없다. 마치 항구불변의 에너지를 뿜
어내는 태양과 다름 아니다.

　비운 자리에 넘쳐흐르는 것은 당연히 에너지와 그에 따
른 열정이다. 조르바의 삶은 철저히 열정으로 들떠 있다.
조르바의 삶에서 열정은 끊임없이 솟아오르는 샘물이다.
영원히 마르지 않는 샘물이다. 열정이 삶을 풍요롭게 이끈
다. 열정은 무엇보다 일과 사물을 대하는 시각을 생생하게
바꿔놓는다. 그런 시각이 언제 어디서나 새로움의 세계로
이끄는 것이다. 소설 속에서 조르바는 말한다. "사면에서
돌멩이는 다시 생명을 얻습니다."

조르바는 매일 아니 매 순간 삶을 새롭게 본다. 삶을 창조하는 것이다. 고대 그리스 철학자 헤라클레이토스의 말대로 '태양은 매일 새롭게 뜨는 것'을 깨달은 그가 위대한 삶의 철학자이자 실천가라는 것은 의심의 여지가 없다.

조르바는 예민하다. 결코 둔감한 감정을 가진 적이 없다. 예민함이 그를 매 순간 새롭게 탄생하게 한다. 예민하게 감응하는 그에게 반복이란 있을 수 없다. 그래서 권태롭게 하루하루를 보내는 현대인에게 경고를 울린다. 그의 삶에 없는 것이 있다면 권태다. 권태가 스며들 틈이 전혀 없다. 예민함이, 열정이 권태를 몰아내는 것이다.

그런데 뜻밖에도 그러한 조르바도 두려운 게 하나 있다. 늙는다는 것이다. 늙는다는 것은 창피하고 분한 일이다. 생생하고 열정 어린 삶에 장애가 되기 때문이다. 책 속에서 조르바는 이렇게 말한다. "나이 먹어가는 것을 인정한다는 것은 예사로 창피한 노릇이 아닙니다. 그래서 사람들이 그것을 눈치채지 못하도록 별짓을 다 하는 것이지요. 뛰고 춤출 때는 등이 아프지만 아무렇지도 않은 듯이 뛰고 춤춥니다. 술을 마시고 취하면 세상이 빙글빙글 돕니다만 나는 주저앉지 않아요. 나는 멀쩡한 듯이 뛰고 놉니다."

273

나이를 먹는다는 것은 사실 피곤한 일이다. 나이에 따른 열정의 감소가 삶의 활력을 빼앗는 게 무엇보다 두렵다. 세상은 늙어감에 따라 성숙해진다고 자위自慰를 하지만 사실 성숙은 늙음과 관련이 없다. 나이를 먹는다는 것이 대부분의 사람에게는 단지 늙어간다는 것을 의미한다. 조르바도 늙는다는 것이 두렵고 창피하다. 책 속에서 조르바는 이렇게 말한다. "땀이 나서 바닷물에라도 뛰어들고 나면 감기에 걸려 기침이 나옵니다. 콜록콜록. 그러나 두목, 나는 창피해서 기침을 꾹꾹 밀어넣고 맙니다. 내가 기침하는 것 본 적 있습니까? 없을 겁니다. 당신은 내가 다른 사람들 앞에서만 그러는 줄 아실 겁니다만. 아니에요. 나 혼자 있을 때도 그럽니다. 나는 조르바 앞에서도 창피한 것입니다."

늙음은 열정을 빼앗는다. 열정 부족은 삶을 빈곤으로 몰고 간다. 조르바는 그것을 혐오한다. 열정 부족을 심지어 자신에게 보이는 것조차 싫은 것이다. 그래서 있는 힘을 다해 에너지를 발산하는 것이다. 일에 몰두하고, 여자를 사랑하고, 춤을 추고, 술을 마시는데 나이가 걸림돌이 되어서는 절대로 안 될 일이다. 청년들의 역동적인 힘을 그저 지켜만 볼 그가 아니다. 삶에서 그는 철저히 참여자이지 구경꾼으로 머문 적이 없다. 죽는 그 순간까지도 말이다.

에너지가 넘치고 열정이 들끓는 조르바의 삶은 다양한 색채로 나타난다. 수도원의 신부가 되기도 하고, 사제복을 벗어버리고 유전에서 일꾼으로 변신한다. 또 북극의 시베리아로 날아가 광산업을 하다가 곧바로 독일로 날아간다. 그는 지구가 좁다며 여기저기 돌아다니면서 다양한 색깔로 자신의 삶을 칠했다. 이 세상에 조르바의 삶을 표현해낼 뚜렷한 색깔은 없다. 레드였다고 옐로였다가 블랙이었다가 화이트로 변신하는 그의 삶을 도대체 어떤 색깔로 칠할 것인가.

색깔이 다양한 만큼 그의 삶은 풍요롭다. 다시 말하지만 풍요의 원천은 자유였고, 자유의 근원은 자신을 비운 데서 나온다. 카잔차키스가 말한 최후의 인간인 조르바는 풍요로운 인간이다. 그의 풍요로운 삶은 그의 죽음 앞에서 극적으로 드러난다. 죽음에 앞서 그가 한 말이 있다. "내 평생 별짓을 다 해보았지만 아직도 못 한 게 있소. 아, 나 같은 사람은 천 년을 살아야 하는 건데….."

얼마나 많은 삶을 살려고 그는 죽음을 앞두고도 이런 말을 하는 것일까. 끊임없이 솟아나는 열정과 에너지가 격랑

의 삶으로, 위험한 삶으로 이끄는 것을 즐기는 조르바. 작
가는 조르바의 이러한 삶에 감탄한 나머지 안전과 안정을
추구하는 일반인들의 삶이 하찮게 느껴진다. 작가 자신의
삶도 포함해서 말이다. 작가는 탄식하듯 말한다. "재수 없
는 사람은 자기의 초라한 존재 밖에도 스스로 자만하는 장
벽을 쌓는 법이다. 이런 자는 거기에 안주하며 자기 삶의
하찮은 질서와 안녕을 그 속에서 구가하려 하는 게 보통이
다. 하찮은 행복이다."

조르바의 삶에서 빼놓을 수 없는 요소가 하나 있다. 그
것은 세상 사람들이 터부시하는 광기다. 광기에는 '계산'
과 '이유'가 빠져 있다. 계산과 이유는 조르바의 사전에는
등록되어 있지 않다. 풍요의 삶, 광기의 장애물이기 때문
이다. "두목, 당신에게는 뭔가 빠져 있어요. 광기에 대한
감각이 없단 말입니다. 그 줄을 잘라버려요. 그렇지 않으
면 당신은 진짜로 살아 있는 게 아닙니다."

조르바는 광기라 했지만, 사실 이는 세상 사람들이 말하
는 광기하고는 거리가 멀다. 피상적으로 사는 사람들은,
자신들의 삶에 참여하지 않고 단지 구경꾼으로 전락한 세

상 사람들은 조르바의 광기를 이해할 수가 없다. 그들에게
는 조르바의 광기는 이해 가능한 차원의 언어가 아니다.

조르바의 광기는 하나가 되는 것이다. 다시 말하자면 일
을 할 때는 일과 하나가 되고, 여자와 사랑을 할 때는 여자
와 하나가 되고, 산투리를 켤 때는 산투리와 하나가 되는 것
이다. 스쳐 지나가는 바람과도 하나가 되고, 들에 핀 꽃과도
하나가 되고, 길거리에 구르는 돌멩이와도 하나가 되는 삶
은 도대체 어떤 삶일까. 춤이다. 즐거운 춤을 추는 삶이다.

존재계와 하나가 되는 삶은 풍요로운 삶이다. 가진 것이
많아서 풍요로운 것이 아니라 나를 비워 존재계를 내 안에
가득 채워버린 삶이 풍요로운 것이다. 역설적인 언어로 말
하자면 마음을 비울수록 더욱 풍요로워지는 것이다. 풍요
로운 자에게 삶은 축제로 변신한다. 끊임없이 즐거운 춤으
로 이어지는 축제의 장이 펼쳐지는 것이다.

서두로 돌아가자. 사람의 격은 풍요에 달려 있다고 했
다. 풍요로운 삶을 사는가, 그렇지 않은가에 따라 사람을
나눌 수 있다. 풍요로운 인간은 삶을 축제의 장으로 만든
다. 삶을 즐거운 춤의 향연으로 이끈다. 무엇을 하든 언제

어디서든 삶의 무대는 춤추는 공간으로 변신한다. 그는 그곳에서 춤을 추다가 빈 공간으로 사라진다. 오직 빈 공간만이 남는다. 이것이 최후의 인간, 풍요로운 인간의 삶이자 죽음이다. 다른 것은 아무것도 없다.

★ 자신을 비운 인간이야말로 최후의 인간이다.
★ 예민함과 열정이 권태를 몰아낸다.
★ 풍요로운 인간은 삶을 축제의 장으로 만든다.

산다는 것의
즐거움
에크하르트 톨레 | 《지금 이 순간을 살아라》

Q 관리자의 고민
미래에 대한 부담 때문에
잠 못 이룰 때가 많습니다.

A 리더의 해답
아직 오지도 않은 미래보다
지금 순간을 즐기는 데 집중하세요.

　　놀이방의 아이들은 장난감을 서로 차지하려
고 치열한 싸움을 벌인다. 뺏고 뺏기는 싸움 끝에 한 아이
가 장난감을 집어 든다. 장난감을 빼앗긴 아이는 울음을 터
뜨린다. 허나 그것도 잠시일 뿐이다. 선생님이 내민 다른
장난감에 온 마음이 쏠린다.

　　아이들은 하루 종일 놀이에 열중한다. 놀이방이 파할 무

럼 엄마가 나타나면 아이들은 지금까지 애지중지하던 장난감을 미련 없이 던져버리고 엄마 품에 파고든다. 축제의 시간, 즐거운 놀이방 시간이 끝났다. 이제 집에 갈 시간이라는 것을 안다. 엄마 품에 안긴 아이는 이내 잠 속으로 빠져든다. 전력을 다해 놀이를 한 후의 피곤함이 몰려들기 때문이다. 놀이방의 흔한 일상이다.

놀랍게도 놀이방은 삶의 정수를 보여준다. 아이와 놀이에서 우리는 한 가지 포인트를 착안할 수 있다. 그것은 삶을 어떻게 바라볼 것인가 하는 것이다. 삶이 놀이일까, 아닐까 하는 문제다. 놀이는 그 자체가 목적이다. 그 무엇을 얻고자 하는 것이 아니다.

이는 마음의 창인 프레임의 문제로 연결된다. 삶이 놀이라면 축제 프레임을 갖고 있는 것이고, 놀이가 아니라면 비즈니스 프레임을 갖고 있는 것이다. 축제는 즐기는 것이고 비즈니스는 무엇인가를 달성하는 것이다. 축제의 프레임을 갖고 있는 자는 놀이로 볼 것이고, 비즈니스 프레임을 갖고 있는 자는 놀이가 아닌 의무와 책임으로 볼 것이다.

이와 함께 고려해야 할 사항은 삶을 정리해야 할 시점에 놓인 노년층의 생각이다. 에너지가 쇠약한 노년층이나 죽음을 앞둔 사람들이 가장 후회하는 것이 있다. 삶을 놓쳤다는 것이다. 무엇을 놓쳤다는 것일까. 그것은 한마디로 즐길 수 있는 것을 놓쳤다는 것이다. 생을 마감하는 사람들의 진정성을 인정한다면 삶을 바라보는 우리의 선택은 자명하다. 삶의 프레임을 축제로 설정하는 것이다.

그렇다. 삶은 축제다. 축제는 즐기는 데 그 본질이 있다. 삶은 즐겁게 사는 것이다. 어떤 어려움이 있더라도 삶의 현장을 축제로 만들어야 한다. 사람들은 말한다. 세상은 완벽하지 않다고. 아니다. 더 이상 완벽할 수 없다. 불안하면 불안한 대로 완벽한 것이다. 완벽한 이 세상에서 축제를 즐겨야 한다.

어떻게 살아야 하나? 끊임없이 제기되는 중요한 질문이다. 이에 대한 답은 선택에 달려 있다. 삶은 끊임없는 선택의 과정이다. 어떤 선택을 할 것인가에 따라 삶의 색깔이 달라진다. 축제를 즐기는 데도 두 가지 선택이 있다. 능동적인 참여자와 구경꾼이다. 구경꾼만으로 충분하지 않다. 능동적인 참여자가 되어야 한다.

능동적인 참여자는 선택 앞에 머뭇거리지 않는다. 그것은 안전이 아니라 위험이다. 삶을 살아갈 때 위험한 것을 선택해야 한다. 선택에 앞서 알아야 할 것은 삶은 안전하지도 안정되지도 않다는 것이다.

'위험하게 살라.' 이 말은 철학자 니체의 명언으로 삶의 본질을 적나라하게 표현한 것이다. 위험하게 사는 것은 어떻게 사는 것일까. 지금 이 순간을 사는 것이다. 이 순간을 사는 것만큼 위험한 것은 없다. 그것은 과거의 기억과 미래의 기대에 의지하지 않고 사는 것이다. 시간의 덫에 갇혀 살지 않는다는 말이다. 시간의 덫에 빠진 삶은 일상이 반복되는 굴욕의 삶이다. 이런 삶은 안전하다고 착각할 수 있지만 생생하게 살아 있는 삶이 아니다. 과거와 미래의 함정에 빠진 자는 긴장과 두려움으로 시간 속을 헤맬 따름이다. 그것은 사는 것이 아니라 허상이다.

많은 사람들이 임종에 가까워서 느끼는 것이지만 우리가 진정 원하는 것은 삶을 실재로 사는 것이다. 과거와 미래는 허상이다. 우리가 존재하는 것은 바로 이 순간뿐이다. 삶은 이 순간 행동하는 것이다. 삶을 해석하지도 말고 이해하지도 말라. 해석은 과거의 일이고 이해는 미래의 일이다. 이 순간을 살면서 왜 과거와 미래를 얽어매려 하는가.

에크하르트 톨레는 그의 저서 《지금 이 순간을 살아라》

에서 말한다. "존재하는 유일한 시간은 지금 이 순간뿐이다. 지금 이 순간, 영원한 현재야말로 삶이 펼쳐지는 무대이며, 영원히 존재하는 시간이다. 삶은 지금 이 순간이다. 지금이 아닌 삶은 이전에도 앞으로도 존재할 수 없다." "과거에도 미래에도 없는 지금 이 순간, 그 안에 모든 것이 있다. 그 힘은 우리에게 삶의 변화와 기쁨 그리고 사랑을 준다."

우리는 삶에서 이 순간을 선택해야 한다. 박제된 삶이 아니라 생생하게 살아가기 위해서. 앞서 말한 대로 이 순간을 사는 것은 위험한 삶이다. 삶이 위험하다는 것은 삶의 즐거움을 달리 표현한 말이다. 즐거움은 실재에 반응하는 것이기 때문이다. 실재를 찾는 데는 예민한 정신과 감각이 필요하다.

사실 아무나 실재를 껴안을 수는 없다. 바람에 이는 작은 잎새에도 경이로운 시선을 보낼 줄 아는 고도의 예민한 감각을 가진 자만이 실재를 받아들일 수 있다. 순간순간 펼쳐지는 모든 삶에 예리하게 바라보는 자만이 가능한 일이다. 이를테면 전에는 한 번도 본 적이 없는 것처럼 어제의 태양을 오늘 달리 보는 자만이 가능한 일이다. 바람에 쓰러지는 갈대, 거리에 나뒹구는 낙엽, 돌 틈 사이를 뚫고 나오는 잡초 속에서 새로움을 바라볼 수 있어야 한다.

예민한 감각을 찾는 것은 쉬운 일은 아니다. 허나 어려운 일이지만 도전해볼 가치가 충분한 것이다. 즐거운 삶이 바로 거기에 있기 때문이다. 가장 즐거운 삶은 위험한 삶이고, 위험한 삶은 바로 이 순간을 사는 것이다. 이 순간을 사는 자의 표본은 어린아이다.

어린아이를 보자. 어린아이를 보면 즉각적으로 생각나는 것들이 있다. 맑은 웃음, 심각하지 않은 장난질, 왕성한 호기심, 놀이에의 집중력, 즉흥적인 행동 등을 떠올릴 수 있다.

어린아이는 세 가지 특징이 있다. 하나는 있는 그대로 세상을 본다는 것이다. 자신의 마음을 투사하지 않고 현실을 보기에 그들의 현실은 한결같다. 아이들의 마음이 순수하기 때문이다. 하지만 어른들은 각자 자신들이 생각하고 만든 현실을 본다. 자신들이 생각하고 믿고 싶은 현실만을 본다. 어른들의 편견과 관념이 현실을 왜곡하는 것이다.

둘은 두려움이 없다는 것이다. 두려움이 없기에 일단 행동한다. 행동한 다음 이유를 찾는 식이다. 즉흥적인 행동이 이어지는 것도 이 때문이다. 아이들은 이론과 논리로 자신들의 행동을 무장하지도 정당화하지도 않는다. 아이들의 무지는 두려움을 없애는 훌륭한 장점이다. 어린아이들의 행동은 경허 스님의 말과 맥을 같이한다. "그대 마음속에 일어나는 일이면 무엇이든지 하세요. 착함이건 악함이건 하고 싶은 일이면 무엇이든지 다 하세요. 그러나 털끝만큼이라도 머뭇거린다든가 후회 같은 것이 있어서는 안 됩니다."

셋은 전체적이라는 것이다. 놀이에 집중하는 아이들을 본 적이 있을 것이다. 에너지가 충만한 아이들이 그렇게 진지할 수가 없다. 세상 모든 것이 거기에 있다. 한번 놀이에 빠진 아이들의 시선을 돌려세우는 것은 쉬운 일이 아니다. 허나 일단 시선을 돌리게 되면 이전의 놀이는 까마득히 잊어버린다. 머뭇거림이 없다. 또 다른 것에 올인하기 때문이다. 아이들은 진지하되 심각하지 않다.

어른들의 시각으로 볼 때 어린아이들의 삶은 위험하다. 안정되지도 않고 불안하다. 그러나 아이들만큼 즐기는 삶은 없다. 위험하다고 하지만 원래 삶 자체가 위험한 것이다. 위험과 삶은 함께한다. 각자의 삶은 제 갈 길을 가야 한다. 어른들처럼 삶을 고정시키지 말아야 한다. 어린아이의 특징에 주목한 예수는 이렇게 말했다. "어린아이와 같지 않으면 천국에 들어갈 수 없다."

철학자 니체도 어린아이를 강조했다. 그는 정신의 세 가지 변용을 낙타·사자·어린아이로 표현했다. 마지막 변용이 사자가 아닌 어린아이라는 점이 사색을 요하는 대목이다. 니체는 이렇게 말했다. "어린아이는 순진무구함이며, 망각이며, 새로운 시작이며, 하나의 놀이이며…."

다시 질문을 던진다. 어떻게 살아야 하나? 그것은 어린아이가 돼서 바로 이 순간을 사는 것이다. 어린아이처럼 살 수 없다면 우리는 삶의 심층에 도달하지 못하고 그저 표면에 머물다 갈 따름이다. 표면적인 삶은 안전할 수는 있다. 여러 번 말하지만 안전한 것은 삶이 아니다. 박제가 살아 있는 것이 아니듯이 표면적인 삶은 삶이 아니다. 삶이 아니라면 무엇이겠는가. 죽어 있는 것과 다를 바 없다.

삶은 축제다. 축제는 즐기는 것이다. 즐기는 것은 재미가 있어야 한다. 지루해서는 즐길 수 없다. 지루한 것은 반복이다. 만들어진 것을 반복하는 것은 재미가 없다. 삶은 미리 쓴 각본대로 사는 게 아니다. 우리는 각자 매 순간 새로운 각본을 써야 한다. 이미 만들어진 각본을 버리고 새롭게 만들어야 할 것이다. 과거의 각본을 버리고 미래의 각본을 밀쳐두고 지금 이 순간의 각본을 써야 한다. 매 순간 새로운 각본을 써 내려갈 때 삶은 하나의 축제로 완성된다.

서두로 돌아가자. 놀이가 끝나면 아이들은 엄마 품에 안겨 깊은 잠에 빠진다. 모든 에너지를 써버린 어린아이는 피곤하다. 달콤한 피곤이다. 이제 오늘의 일과는 끝났다. 오늘 일이 어찌됐든 이제 다 잊어버린다. 어제도 모르듯이 내일도 어찌될지 모른다. 이제 곤하게 잘 시간인 것이다. 비유해서 말하면 이제 삶은 끝났다.

시인 천상병은 말한다. '아름다운 이 세상 소풍 끝내는 날, 가서, 아름다웠다고 말하리라.' 천상병은 삶을 소풍으로 보았다. 병들면 병든 대로 건강하면 건강한 대로 삶을 소풍으로 보는 태도가 삶의 아름다움을 만드는 것이다. 소풍은 축제의 프레임에서만 가능한 일이다.

삶은 소풍 같은 축제다. 소풍은 즐거운 것이다. 소풍은 시작과 끝이 모두 즐겁다. 즐겁지 않은 소풍은 없다. 불행한 소풍이 있다면 우리가 스스로 그렇게 만든 것이다. 과거와 미래, 안전과 안정으로 자신을 둘러싼 벽이 불행을 초대한 것이다. 해법은 바로 이 순간밖에 없다. 이 순간을 살면서 벽을 깨부수는 수밖에 없다. 불행과의 작별은 바로 이 순간이다.

★ 위험하게 살고 어린아이처럼 세상을 바라보아라.
★ 삶은 축제다. 축제를 즐겨라.

참고문헌

가의(허부문 역) | 《과진론 치안책》 | 책세상 | 2004

강영계 | 《베이컨이 들려주는 우상이야기》 | 자음과모음 | 2007

거해 편역 | 《법구경》 | 샘이깊은물 | 2003

김상섭 | 《내 눈으로 읽은 주역》 | 지호 | 2006

니코스 카잔차키스(이윤기 역) | 《그리스인 조르바》 | 열린책들 | 2008

달라이 라마 · 하워드 커틀러(류시화 역) | 《달라이 라마의 행복론》 | 김영사 | 2001

둥예쥔(송하진 역) | 《건륭 평천하》 | 시아출판사 | 2004

디팩 초프라(이상춘 역) | 《완전한 행복》 | 한문화 | 2013

로버 본 외흐(박종화 역) | 《헤라클레이토스의 망치》 | 21세기북스 | 2004

류시화 | 《나는 왜 너가 아니고 나인가》 | 김영사 | 2003

마르틴 부버(김천배 역) | 《나와 너》 | 대한기독교서회 | 2012

마쓰시타 고노스케 | 《사업은 사람이 전부다》 | 중앙경제평론사 | 2015

모리야 히로시(장선연 역) | 《한 권으로 끝내는 노자의 인간학》 | 청어람 | 2005

박성희 | 《진정성》 | 이너북스 | 2011

베어 하트(형선호 역) | 《인생과 자연을 바라보는 인디언의 지혜》 | 황금가지 | 1999

빅토르 프랑클(이시형 역) | 《삶의 의미를 찾아서》 | 청아출판사 | 2005

사마천(김원중 역) | 《사기열전》 | 민음사 | 2009

사마천(정범진 외 역) | 《사기》 | 까치 | 2002

석영중 | 《자유-도스토예프스키에게 배운다》 | 예담 | 2015

손자(박일봉 역) | 《손자병법》 | 육문사 | 1990

손자(유동환 역) | 《손자병법》 | 홍익출판사 | 2007

스캇 펙(윤종석 역) | 《거짓의 사람들》 | 비전과리더십 | 2007

스캇 펙(손홍기 역) | 《그리고 저 너머에》 | 열음사 | 2007

스캇 펙(김양범 역) | 《끝나지 않은 여행》 | 열음사 | 2007

스캇 펙(신승철·이종만 역) | 《아직도 가야 할 길》 | 열음사 | 2007

심의용 | 《주역 마음속에 마르지 않는 우물을 파라》 | 살림 | 2006

아리 드 호이스 | 《살아있는 기업 100년의 기업》 | 김앤김북스 | 2012

아리스토텔레스(최기철 역) | 《시학》 | 다락원 | 2009

아베 피에르(백선희 역) | 《단순한 기쁨》 | 마음산책 | 2001

알랭(이형석 역) | 《알랭의 행복론》 | 빅북 | 2010

알베르 카뮈(이정림 역) | 《시지프의 신화》 | 범우사 | 1997

앙투안 드 생텍쥐페리(황현산 역) | 《어린왕자》 | 열린책들 | 2015

어니스트 헤밍웨이(김욱동 역) | 《노인과 바다》 | 민음사 | 2012

에리히 프롬(최혁순 역) | 《의혹과 행동》 | 범우사 | 1999

에리히 프롬(황문수 역) | 《사랑의 기술》 | 문예출판사 | 2000

에리히 프롬(정성환 역) | 《소유냐 존재냐》 | 홍신문화사 | 2007

에리히 프롬(황문수 역) |《인간의 마음》| 문예출판사 | 2002

에크하르트 톨레(노혜숙·유영일 역) |《지금 이 순간을 살아라》| 양문 | 2008

에크하르트 톨레(신혜경 역) |《이것 또한 지나가리라》| 마음의숲 | 2008

오긍(김영문 역) |《정관정요》| 글항아리 | 2017

오기(김경현 역) |《오자병법》| 홍익출판사 | 2005

오쇼 라즈니쉬(류시화 역) |《도마복음강의》| 청아출판사 | 2008

오쇼 라즈니쉬(손민규 역) |《짜라투스트라》| 시간과공간사 | 1995

왕보(김갑수 역) |《장자를 읽다》| 바다출판사 | 2007

우봉규 |《경허와 그 제자들》| 살림 | 2013

윌리엄 셰익스피어(신정옥 역) |《줄리어스 시저》| 전예원 | 1989

윤정구 |《진정성이란 무엇인가》| 한언출판사 | 2012

이반 안드레예비치 크릴로프(이채윤 역) |《가난한 부자들》| 열매출판사 | 2003

이순신(송찬섭 역) |《난중일기》| 서해문집 | 2004

일지 |《경허-술에 취해 꽃밭에 누운 선승》| 민족사 | 2012

임제(백련선서간행회 편) |《임제록 법안록》| 장경각 | 2008

장정충·요홍매(전인경 역) |《제갈량의 경영지략》| 비즈앤북 | 2006

잭 웰치(이동현 역) |《잭웰치 끝없는 도전과 용기》| 청림출판 | 2001

제갈량(조영래 역) |《제갈량 문집》| 지만지 | 2012

제롬 카린(김양미 역) |《헤밍웨이》| 시공사 | 2000

주희(최석기 역) | 《중용》 | 한길사 | 2014

지두 크리슈나무르티(정채현 역) | 《사랑과 외로움에 대하여》 | 고요아침 | 2009

최근덕 | 《논어인간학》 | 열화당 | 1990

프랜시스 베이컨(진석용 역) | 《신기관》 | 한길사 | 2016

프리드리히 니체(장희창 역) | 《차라투스트라는 이렇게 말했다》 | 민음사 | 2004

프리초프 카프라(김동광·김용정 역) | 《생명의 그물》 | 범양사 | 1999

프리초프 카프라(김용정·이성범 역) | 《현대 물리학과 동양사상》 | 범양사 | 2010

플라톤(황문수 역) | 《소크라테스의 변명》 | 문예출판사 | 1999

피터 드러커(이동현 역) | 《피터 드러커 자서전》 | 한국경제신문 | 2005

하워드 가드너(송기동 역) | 《통찰과 포용》 | 북스넛 | 2006

하워트 슐츠(홍순명 역) | 《스타벅스-커피 한잔에 담긴 성공신화》 | 김영사 | 1999

한비(김원중 역) | 《한비자》 | 글항아리 | 2010

한비(최태응 역) | 《한비자》 | 새벽이슬 | 2011

헨리 데이비드 소로(강승영 역) | 《월든》 | 은행나무 | 2011

홍성자·김광욱 | 《신논리학》 | 주니어김영사 | 2008

황석공·태공망(유동환 역) | 《육도 삼략》 | 홍익출판사 | 2005

황천춘(이경근 역) | 《노자 잠언록》 | 보누스 | 2009